SAMSON.
MIS EN VERS
Par le Sieur ROMAGNESI.

Representé pour la premiere fois le vingt-huit Fevrier, par les Comédiens Italiens ordinaires de Sa Majesté, sur leur Théâtre de l'Hôtel de Bourgogne.

Le prix est de vingt-quatre sols.

A PARIS,

Chez LOUIS-DENIS DELATOUR, Imprimeur de la Cour des Aydes, en la maison de feuë la veuve Muguet, ruë de la Harpe, aux trois Rois.

M DCC XXX.

Avec Approbation & Privilege du Roy.

ACTEURS.

PHANOR, *Roy des Philistins.*

SAMSON, *Juge d'Israël.*

EMANUEL, *pere de Samson.*

DALILA, *Princesse parente de Phanor.*

ACAB, *Général de l'Armée & favory de Phanor.*

AZAEL, *Confident de Samson.*

ARMILLA, *Confidente de Dalila.*

ZAMEC, *Capitaine des Gardes de Phanor.*

ASCALON, *Esclave d'Acab.*

TROUPE *de Philistins.*

La Scene est à Gaza, & aux environs.

SAMSON.

ACTE PREMIER.

SCENE PREMIERE.

Le Théâtre repréfente un bois, dans l'enfoncement duquel on découvre le Temple de Dagon.

DALILA, ARMILLA.

ARMILLA.

OTRE ame en ce moment doit être r'affurée,
Dalila, nous entrons dans la forêt facrée,
Et vous voyez le Temple où jadis nos ayeux
Invoquoient en tremblant le plus grand de nos
    Dieux.
Vos foupirs vont ceffer aux pieds du fanctuaire,
Offrez un facrifice à ce Dieu tutelaire :
Il eft des Philiftins l'inébranlable appuy ;
Et vos vertus, Princeffe, obtiendront tout de luy.

DALILA.

De cet azile faint, l'approche redourable,
Augmente les remords qui preffent le coupable,

A ij

Mon cœur chere Armilla, plein de trouble & d'effroy,
N'ose invoquer un Dieu dont il trahit la loy.

   Pour diffiper l'erreur où mon ame eft tombée,
De la Cour de Gaza je me fuis dérobée ;
Je viens par tes confeils dans ces lieux écartez,
Implorer de Dagon les fuprêmes bontez !

   Mais comment pourra-t'il recevoir mon offrande,
Si je crains d'obtenir ce que je luy demande,
Et fi je n'ose éteindre un feu féditieux !

   Ah lorfque nous offrons un facrifice aux Dieux,
Notre encens les offenfe, à moins que notre crime
Par nous-même immolé, n'y ferve de victime.

ARMILLA.

Que dites-vous, Madame ?

DALILA.

Helas ton amitié,

Honore mes malheurs d'une tendre pitié :
Mais fi tu connoiffois la fource de ma peine,
La pitié feroit place à la plus jufte haine.

ARMILLA.

   Si j'ofois pénétrer au fond de votre cœur,
Je croirois que d'Acab vous dédaignez l'ardeur.
Que le Roy malgré vous ordonne l'hymenée,
Dont cet illuftre amant voit enfin la journée ;
Oüy vous êtes fans doute infenfible à fes feux,
Et votre indifference eft un crime à vos yeux.
Mais ceffez d'en rougir, la vertu la plus fainte,
De l'amour à fon gré ne reçoit pas l'atteinte ?

DALILA.

   Armilla, dans un cœur que la vertu conduit,
Sans l'aide du penchant le devoir le produit.
J'aurois de ce héros partagé la tendreffe,
Sans les égarémens d'une indigne foibleffe ;
Ce trifte cœur qu'en vain il a voulu toucher,
Aux fers d'un autre objet ne fe peut arracher.
Et quel objet encor me force d'être ingrate !
C'eft pour un ennemy que mon amour éclate :
Si je puis me refoudre à t'en entretenir,
Je ne le nommeray que pour mieux me punir.

ARMILLA.

Confiez à ma foy le feu qui vous devore.

DALILA.

Helas ! c'eſt un Hébreu que ta Princeſſe adore ;
Les Dieux pour l'accabler du ſort le plus cruel,
En ont fait triompher le fils d'Emanuel.

ARMILLA.

Samſon. . . .

DALILA.

       Oh jour fatal ; malheureuſe victoire ;
Qui d'Acab triomphant conſacra la mémoire,
Les Hébreux ſurmontez aux champs de Sephala,
Rendirent par ſon ordre hommage à Dalila :
Pour paroître ſenſible au bonheur de nos armes,
Je parcourus des yeux tous ces captifs en larmes ;
Le diray-je ? un d'entre eux, qu'entouroient mille dards,
S'attira malgré moy de trop tendres regards ;
De nos ſoldats vainqueurs il bravoit la menace,
Un coup d'œil de l'Hebreu confondoit leur audace.
Ce Guerrier dont le ſort trahiſſoit la valeur,
Tout captif qu'il étoit me parût le vainqueur.
Helas depuis ce tems, inquiete, abatüe,
Mon lâche cœur ſe livre au poiſon qui le tüe,
Il chérit un tourment qu'il devroit deteſter,
Et même l'accroîtroit, s'il pouvoit s'augmenter,
Tout éloigné qu'il eſt, cet Hebreu dans mon ame,
Du fond de ſon exil lance des traits de flâme,
Je n'y puis oppoſer que de foibles efforts
Et j'ay preſque perdu le ſecours des remords !
Non, je ne feray point éclater dans ce Temple,
Des crimes dont moy ſeule ay pû donner l'exemple,
Pour éteindre mes feux & terminer mes jours,
A mes ſeules douleurs je veux avoir recours.

ARMILLA.

Ah du Ciel offenſé n'irritez point la haine ?
La main ſeule d'un Dieu peut briſer votre chaîne,
Hatez-vous d'implorer le ſecours de Dagon,
Moins pour aimer Acab ; que pour haïr Samſon !
Quoy, du ſang de nos Roys Dalila deſcendue,
Sur un Hebreu prophane oſe porter la vûe ?
Que la honte du moins au fonds de votre cœur,
Au défaut des remords combatte votre ardeur.

A iij

SAMSON

D'ALILA.

Non, c'est à ma vertu, d'en dissiper le charme ;
Ne me reproche plus un penchant qui t'allarme,
Laisse le tems d'agir, à ton zele, à mes soins ?
D'un heureux changement tes yeux seront témoins.
Garde bien mon secret, toy seule en es instruite,
Si cet Hebreu...... grands Dieux où serois-je réduite !
Fuis amour, que tes traits sur d'autres malheureux,
Exercent loin de moy ton pouvoir rigoureux ;
A tes trompeurs appas, Dalila se refuse ;
En vain de tes erreurs nous te croyons l'excuse
Nos foibles cœurs en vain cherchent à s'abuser
Ton coupable ascendant ne peut les excuser.

    Viens, ne retardons plus cet heureux sacrifice,
Suy moy, que de nos vœux ce Temple retentisse ;
Tu m'y verras reprendre un cœur tout Philistin.
Et recouvrer ma gloire en dépit du destin.

SCENE II.

SAMSON. AZAEL.

AZAEL.

CE ne sont point Seigneur les périls de la chasse,
   Qui doivent de Samson éterniser l'audace ;
Les monstres de ces bois deshonorent vos coups !
Domptez des ennemis qui soient dignes de vous.
La force dont le Ciel arma votre courage,
Peut-elle nous laisser gémir dans l'esclavage ?
Quoy, vous abandonnez à la honte des fers,
Le peuple du vray Dieu qui forma l'univers !

    Vous faites plus, vos feux pour une Philistine,
Pour Tamnatée enfin, scellent notre ruine ;
Quand vous pourriez Seigneur par d'illustres exploits,
Relever notre espoir, nos autels, & nos loix.

SAMSON.

    Dans vos calamitez que pouvez-vous attendre,
D'un captif malheureux qui n'a pû vous défendre,
Sous le poids de leurs fers les Hébreux languissans
Feroient pour les briser des efforts impuissans,

Nous étions tous élus chers Hebreux , mais nos crimes ,
Sous nos pas égarez ont ouvert des abîmes
Et les bras enchaînez nous voyons triompher,
Des monstres, que par nous, Dieu vouloit étouffer.
Peuples, n'aspirez plus à ces douceurs parfaites,
Dont vous avoit flatez la voix de nos Prophetes ,
Notre endurcissement a sçû la démentir ,
Que nos cœurs soient dumoins ouverts au repentir ?
Du Dieu qui nous punit respectons la puissance ,
J'éprouve en l'adorant les traits de sa vengeance ,
Et je ne porterois que des coups criminels ,
Si je les opposois aux décrets éternels.

AZAEL.

Ce n'est point s'opposer aux volontez celestes ,
Que sauver d'Israël les déplorables restes;
Et cette inaction où nous languissons tous,
De ce Dieu qui nous frape ! entretient le couroux ,
S'il faut un repentir pour fléchir sa justice,
Croyez qu'il faut aussi que notre zele agisse ,
Que l'unique moyen de terminer nos maux ,
Est d'appaiser le Ciel à force de travaux.

SAMSON.

On le peut adoucir quand son couroux menace;
Mais dans le temps qu'il frape il ne fait plus de grace
Et lorsqu'il nous punit , ses justes châtimens
Ainsi que nos erreurs doivent avoir leurs temps
Sa main nous fait subir un joug qui nous accable ,
Fléchissons Azaël, c'est l'employ du coupable.
Le Roy des Philistins , Phanor est trop puissant,
Il observe nos pas d'un regard menaçant.
Et des moindres projets, la trame découverte,
Des Hebreux desarmez acheveroit la perte,

AZAEL.

Seigneur.....

SAMSON.

Laisse-moy seul un moment en ces lieux ,
Je sens qu'un doux sommeil apesantit mes yeux.
Cherchons à la fraîcheur de ce sombre boccage,
Une tranquilité dont j'ai perdu l'usage,
Et sous cet Olivier , simbole de la paix,
Dans le sein du repos, goûtons-en les attraits.

A iiij

SCENE III.

SAMSON, *une voix.*
LA VOIX. *Cantate.*

L A gloire en d'autres lieux t'appelle,
  Samson, brise ton arc, abandonne ces bois,
Que sans tarder le Philistin rebelle,
De ton bras triomphant éprouve tout le poids.
        Que ton cœur à ce bruit de guerre...
        A ces éclairs.... A ce tonnerre...
        Du Ciel reconnoisse la voix.
        Et que cet Olivier paisible
        Disparoisse à l'aspect terrible,
De ce laurier; garant de tes exploits.

SCENE IV.

SAMSON. *seul.*

D Ieu ! quelle voix s'est fait entendre,
  Quels en sont les divins appas,
    Et quelle ardeur pour les combats,
Dans mes esprits vient-elle de répandre ?
    Cherchons la gloire ou le trépas,
    Samson c'est trop long-temps suspendre,
    Les coups que doit porter ton bras.

      Mais d'un songe l'image vaine,
      Ne séduit-elle point mes sens ;
      Non, le transport que je ressens,
D'un vray prodige est la preuve certaine ?
      Et je viens d'ouïr des accens,
      Dont mon ame ne peut qu'à peine,
      Soûtenir les charmes puissans !

      Quel est donc ce nouveau spectacle ?
      Et comment sous un Olivier,

SAMSON.

Me vois-je à l'ombre d'un Laurier.
N'en doutons plus, auguste, faint oracle,
M'eft-il permis de vous nier,
Lorfqu'en produifant un miracle,
Dieu daigne vous juftifier.

Exécute ee qu'on t'ordonne.
Quitte la chaffe & les forêts,
Ce Dieu te fournira des traits,
Contre un tyran que fa main t'abandonne?
Mais fonge que les plus hauts faits,
Doivent mériter la couronne,
Qui t'honore avant ton fuccès.

Croiffez toûjours brillant feüillage,
Que fur mes belliqueux travaux,
S'étendent vos divins rameaux,
Vous Philiftins, redoutez en l'ombrage,
Oüy, votre fang à longs ruiffeaux,
Doit accomplir l'heureux préfage,
Que me donnent de tels Drapeaux.

SCENE V.

SAMSON. AZAEL.
AZAEL.

AH Seigneur pardonnez à l'ardeur de mon zéle,
L'éclat de votre voix en ces lieux me rappelle.
Mais eft-ce bien Samfon qui paroît devant moy ?
Sa démarche, fon front, glacent mon cœur d'effroy
Il paroît animé d'un courroux magnanime,
Et tout prêt à brifer le joug qui nous opprime ;
Son arc & fon carquois, difperfez loin de luy. . .

SAMSON,

Ifraël tes malheurs finiffent aujourd'huy ;
Je ne m'étonne point de ta furprife extrême,
Samfon en ce moment fe méconnoit luy-même,
Oüy, de l'efprit divin ton maître eft agité,
Cher Azaël, prens part à ma félicité.

Une voix qui du Ciel sans doute est l'interprête,
Des cruels Philistins m'a promis la défaite !
Pour vous en affranchir Dieu ne veut qu'un Guerrier
Il a choisi mon bras & soudain ce Laurier :
Au son de la trompette, aux éclats du tonnerre.
Pour couronner mon front est sorti de la terre.

        AZAEL.

Ce miracle promet de changer nos destins,

       SAMSON.

Pour en être assûrez , cherchons les Philistins.

SCENE VI.

ARMILLA. L'ESCLAVE D'ACAB.
L'ESCLAVE.

AU secours, au voleur, au meurtre, misérable,
Je suis perdu, fuyons ce monstre épouventable.

      ARMILLA.

Ah mon cher attends-moy !

      L'ESCLAVE.

                Je t'attends au logis,

Si je puis l'attraper.

SCENE VII.

DALILA, *dans la Coulisse.*

           CIel écoutez mes cris,

Sauvez-moy du péril qui menace ma vie ?

SCENE VIII.

SAMSON, DALILA.
SAMSON.

DE quel bruit ?

DALILA.

Ah Seigneur ! d'un Lion pourſuivie. . . .

SAMSON.

Ne craighez rien Madame , & ne me quittez pas,
Ce monſtre va périr ſous l'effort de mon bras.
Tombe , meurs : ç'en eſt fait. Raſſûrez-vous Madame.
Banniſſez la frayeur qui ſaiſiſſoit votre ame ;
Vous pouvez à loiſir contempler à vos pieds ,
Ce tyran des forêts qu'à l'inſtant vous fuyez.

Il combat le
Lion , & le
tuë.

DALILA.

Quoy, mon Liberateur. . . . . Ah malheureuſe où ſuis-je ?
C'eſt Samſon que je vois ! quel eſt donc ce prodige ,
Juſtes Dieux dont mes cris imploroient le ſecours,
Quel bras choiſiſſez-vous pour conſerver mes jours.

SAMSON.

Quel éclat , quels attraits frapent ici ma vûe ,
Et pénétrent mon ſein d'une ardeur inconnüe ?
Par quel évenement ces lieux inhabitez,
Offrent-ils à mes yeux de ſi rares beautez.

DALILA.

L'étonnement ſuccede aux plus vives allarmes,
Quoy Seigneur un mortel ſans ſecours & ſans armes,
A-t'il pû me ſauver de cet affreux danger,
Qu'avec moy , ſa valeur lui faiſoit partager,
Veillay-je ? où mes eſprits abuſez par un ſonge. . . . . .
Dans quels nouveaux malheurs ſon aſpect me réplonge.

A part.

SAMSON.

Non Madame, un mortel ne doit point aſpirer ,
Au triomphe éclatant qui vient de m'honorer ;
Le Ciel dont la faveur ſecondoit mon courage ,
A voulu conſerver ſon plus parfait ouvrage.

DALILA.

Ceux que le Ciel choiſit pour de pareils exploits.
Doivent s'enorgueillir de l'honneur de ſon choix ;
Et j'avoûrai Seigneur, que ma reconnoiſſance,
Se partage entre vous & la toute puiſſance.
Quand on a vû combattre avec tant de valeur,
Pourroit-on refuſer ſon hommage au vainqueur ?
Que ne puis-je égaler en un jour ſi propice,
La louange au heros, & le prix au ſervice.

SAMSON·
Un seul de vos regards suffit pour l'acquitter,
Quel prix plus glorieux pourroit-on souhaiter ?
Jamais tant de beautez. . . . .
DALILA.
                                    Il faut que je vous quitte,
Seigneur, à quelques pas j'avois laissé ma suite ;
Nous allons à Gaza, rendre graces aux Dieux.
Des jours que m'a sauvez ce bras victorieux ?
Et j'obtiendray du Roy que sur vous il répande,
Tous les bienfaits, qu'exige une action si grande.

La suite de
la Princesse
paroit.

SAMSON.
Que pourroit-il m'offrir qui flatât mon espoir,
Madame, mon bonheur n'est qu'en votre pouvoir.
     Ah ne détournez point une si chere vûë !
Si je cede aux transports d'une ardeur imprévûë ;
Ce n'est point par l'orgueil d'avoir sauvé vos jours,
Que des miens à vos pieds je consacre le cours.
     Malgré moy ! j'obéis à la flâme rapide,
Qui même en me guidant : m'arrête & m'intimide,
Je vous demande un cœur que je n'ose esperer,
Mais c'est l'unique prix où je puisse aspirer.
DALILA.
Pour étouffer des feux qu'à regret je vois naître,
Seigneur, il me suffit de me faire connoître ;
     Je ne vous diray point que par les droits du sang,
Dalila doit prétendre au plus illustre rang,
Et que je ne sçaurois disposer de moy-même,
Sans consulter du Roy la volonté suprême ;
Des obstacles plus forts s'opposent à vos vœux,
Et les loix pour jamais nous séparent tous deux ;
Des Hebreux, avec nous l'alliance est bannie,
Le Roy nous la défend. . .
SAMSON.
                              Eh quoy ! sa tyrannie
N'a-t'elle pas encore assouvi ses rigueurs,
Et prétend-elle aussi s'étendre sur les cœurs ?
Je brave les décrets de cette loy barbare,
Et la révoque enfin . puisqu'elle nous sépare.
     Rassûrez-vous Madame, & sçachez que Samson,
Ne feroit point de honte au plus illustre nom ;

Si du fier Philistin , ma race est oppressée,
Si le Ciel a détruit ma fortune passée ;
De sa punition le cours est limité ,
Il nous guide par elle à la felicité !
Ne me regardez point languissant dans les chaînes
Trop de jours malheureux ont éclairé mes peines ;
Elles cessent enfin , & l'amour , & mon bras,
Vous feront un destin digne de vos appas.

DALILA.

Cet amour ne seroit qu'une sourte de crimes ,
Tous deux nous brûlerions de feux illegitimes ,
Quand la religion s'oppose à nos désirs ,
Nous devons étouffer des criminels soupirs.
Je vous diray bien plus , vous voyez la journée,
Qui d'Acab à mon sort unit la destinée ,
Un ordte souverain ma forcée à ce choix......

SAMSON.

Ce sont là vos devoirs, votre rang , & vos loix,
Vous épousez Acab ! ah vous deviez Madame
Sans chercher de détour m'opposer cette flâme.
Votre cœur étoit libre il s'est laissé toucher ,
Quel droit aurois-je helas , de vous rien reprocher.

DALILA.

Que vous connoissez mal le fonds de ma pensée ;
Plût aux Dieux que pour luy mon ame fût blessée !
Ou que libre du moins de disposer de moy,
Je pusse avec mon cœur donner aussi ma foy:
  Mais Seigneur, ma naissance autrement en ordonne,
Elle a mis Dalila trop près de la couronne ,
Et vous n'ignorez pas que dans ce hiut éclat,
Nous servons de victime aux interêts d'état ?
J'y dois être attentive, & j'en donne un exemple,
Que d'un œil satisfait tout l'empire contemple.
En effet , si l'on doit attacher des vertus ,
Aux égards, aux devoirs, qui nous coûtent le plus,
Jamais d'aucun effort la gloire consacrée ,
Ne mérita Seigneur, d'être plus admirée !
J'en dis trop , & ce soin de calmer votre esprit
Marque un tendre penchant dont la vertu rougit;
Mais tant d'évemens confondent ma prudence,
Mon malheur me poursuit avec tant de constance :

Un aſtre ſi crüel s'oppoſe à mes projets ;
Que l'on doit pardonner l'aveu que je vous fais.
Oüy Seigneur, je vous vis après cette défaite ,
Qui des Hébreux vaincus entraîna la retraite :
Depuis ce triſte jour je n'ay pû parvenir
A chaſſer de mon cœur un fatal ſouvenir !
A l'inſtant, de nos Dieux j'implorois l'aſſiſtance,
Je les priois d'éteindre un feu qui les offenſe ;
Mais helas, pour tout fruit d'un encens malheureux
Samſon me voit, me ſauve, & devient amoureux.

S A M S O N.

Ah Princeſſe. . . .

D A L I L A.

　　　　　Ecoutez : qu'un éternel ſilence,
De votre amour naiſſant étouffe l'eſperance,
Qu'un tel aveu Seigneur m'acquitte pour toujours,
Et de votre tendreſſe , & de votre ſecours :
Il ne ſort qu'à regret d'une timide bouche,
Mais je vous le devois puiſqu'enfin il vous touche ;
D'euſſay-je même y prendre un plaiſir ſéducteur,
Je devois ce triomphe à mon liberateur.
Toutefois s'il m'eſtime & veut que j'y ſurvive
Il ne me verra plus… & vous que l'on me ſuive. *Elle ſort.*

S A M S O N.

Quoy vous m'aimiez, Madame. . . .

S C E N E I X.

S A M S O N *ſeul.*

ELle quitte ces lieux,
C'eſt à moy d'aſſurer le bonheur de mes feux,
Ah puiſque mà Princeſſe à mes vœux eſt ſenſible,
Pour obtenir ſa main tout me ſera poſſible,
Je cours y travailler, & je veux que le Roy
Luy faſſe dès ce jour un devoir d'être à moy.
S'il m'oſe refuſer, qu'il craigne ma vangeance,
Luy , tous les malheureux qui prendront ſa défenſe.
Acab, renonce au bien qui t'étoit deſtiné,
Le nom d'époux n'eſt dû qu'à l'amant fortuné,

Mais il faut donc trahir l'espoir de Tammatée ?
D'un hymen solemnel mon pere l'a flattée,
Un pareil changement. . . . n'importe, évitons la,
Pourrois-je balancer entre elle & Dalila.   *Il sort.*

SCENE X.

ARMILLA, L'ESCAVE D'ACAB.

ARMILLA.

AH nous sommes enfin échapez à sa rage,
Il ne nous poursuit plus.

L'ESCLAVE.

L'effort de mon courage
Eût sans doute arrêté la fougue de ses pas ;
Mais je n'ay pas voulu hazarder tes apas.

ARMILLA.

Tu crois te disculper par une vaine excuse,
Ne t'ay-je pas vû fuir ?

L'ESCLAVE.

Bon, c'étoit une ruse
Pour l'attirer à moy.

ARMILLA.

Quel sera ton destin,
Chere maîtresse helas.

L'ESCLAVE.

Ce lion inhumain,
Sans avoir nul égard à la foy qui l'engage,
Aura d'un coup de dent, cassé son mariage ;
Je pleure amerement son destin rigoureux,
Mais je ne pouvois pas vous sauver toutes deux.

ARMILLA.

Il te sied bien de faire encor le magnanime,
Tu crois donc par la fuite acquerir mon estime :
Il falloit du lion combattre la fureur,
Opposer à sa rage une mâle vigueur ;
Te livrer à ses coups pour sauver ma maîtresse.

L'ESCLAVE.

Compte sur ma valeur comme sur mon adresse,

Si jamais il revient. . . . que ne puis-je à preſent
Le tenir tête à tête & d'un bras pourfendant?

Apercevant Ohimé.
le Lion mort.

ARMILLA.

Qu'as-tu donc?

L'ESCLAVE.

Le voicy.

ARMILLA.

Je ſuis morte.

L'ESCLAVE.

Je n'en vaut gueres mieux.

ARMILLA.

La frayeur me tranſporte;
Au ſecours. . . :

L'ESCLAVE.

Eh paix donc, tu vas le réveiller.
Il s'agit de s'enfuir, & non de babiller.

ARMILLA.

Sa gueule eſt toute en ſang.

L'ESCLAVE.

Vrayment il ſort de table,
Et fait un ſomne après.

ARMILLA.

O deſtin favorable,
Il eſt mort! quelle main a pû le terraſſer?

L'ESCLAVE.

Ah c'eſt moy qui l'auray tué ſans y penſer;
Mais l'eſt-il bien auſſi? car. . . . quelquefois. . . .

ARMILLA.

Regarde.

L'ESCLAVE.

Oh non, quand j'ay vaincu je mepriſe.

ARMILLA.

Prends garde,
Il vient de remuer.

L'ESCLAVE.

Quoy, que dis-tu?

ARMILLA.

Non, non,
Je me trompois.

L'ESCLAVE.

L'ESCLAVE.
Peut-être est-ce un juste soupçon ?
ARMILLA.
Je m'abusois, te dis-je.
L'ESCLAVE.
   Ah tant mieux, mon courage,
Ne sçauroit s'amuser deux fois au même ouvrage ;
Je l'aurois laissé là.
ARMILLA.
   Je ne vois nul débris,
Nulles traces.....
L'ESCLAVE.
Vrayment, il mange les habits
Avec le reste,
ARMILLA.
Helas, qu'est-elle devenuë.
L'ESCLAVE.
Elle est en racourcy dans sa pance veluë,
Il nous l'aura croquée, & pour punition,
Le gourmand sera mort d'une indigestion,
Mais je veux la vanger. comme épouse future
D'Acab mon maître.
ARMILLA.
Quoy ?
L'ESCLAVE.
   Je vais couper sa hure,
La porter en triomphe au Palais, & delà,
J'en veux faire une daube, y mettre.... * qui va là ;   * Le Lion
Comment tu n'es pas mort ? ah la maudite bête !   remuë.
Ma foy nous ferons mieux de luy laisser sa tête.

Fin du premier Acte.

ACTE SECOND.
SCENE PREMIERE.
DALILA , ACAB.

Le Théâtre répresente le Palais du Roy des Philistins.

ACAB.

CEtte sombre tristesse où je vois votre cœur,
Doit-elle empoisonner un si parfait bonheur ?
Charmante Dalila , que votre trouble cesse ,
Et paroissez du moins approuver ma tendresse ;
Acab va recevoir au pieds de nos Autels ,
Une main qui l'éleve au dessus des mortels.
    Pour rendre ma fortune & ma gloire achevée ,
Il manque à ma valeur de vous avoir sauvée !
Je le sçais , mais le sort que j'éprouve si doux ,
Epuisa ses faveurs en me donnant à vous.

DALILA.

Aux plus parfaits plaisirs succedent les allarmes.
Ce jour d'un doux hymen vous promettoit les charmes,
Mais je crains que Samson guidé par sa fureur ,
Ne le remplisse helas de tumulte & d'horreur.

ACAB.

Que pourroit cet Hebreu qu'elle est son esperance.

DALILA.

Il exige du Roy, ma main pour récompense ,
Et de tout autre prix son courage blessé ,
Menace de vanger son amour offensé.

ACAB.

L'insolent, jusqu'à vous éléve son audace !
Quelque soit son service un tel orgüeil l'efface ;
Qu'il tremble.... Mais Madame , avec tranquillité,
Vous m'annoncez l'excès de sa témerité ;
Cet affront cependant comme moy vous offense !
Et loin que votre gloire en presse la vengeance,

Je ne remarque en vous aucune émotion,
Vous semblez approuver la folle passion.

Ah rassûrez du moins ma tendresse allarmée...
Ou contre cet Hébreu ma colere allumée.....
Madame pardonnez à ces transports jaloux,
Et de ces yeux charmans moderez le courroux;
Je sçais que mes soupçons vous feroient une injure;
Je ne puis me résoudre à vous croire parjure,
Non, vous ne l'êtes point; un cœur né vertueux,
Jusques dans le tombeau porte ses premiers feux.

DALILA.

Quelle est cette raison qui vous oblige à croire,
Que mon amour pour vous intéresse ma gloire?
Il est vray, j'obéis aux volontez du Roy,
Lorsqu'en votre faveur il exigea ma foy.
Mais aux empressemens que vous fites paroître,
Je ne ressentis point ceux que l'amour fait naître,
Vous même mille fois me peignant votre ardeur,
Vous m'avez reproché l'excès de ma tiédeur :
Et s'il faut sans détour que ma bouche s'exprime,
Vos soins les plus pressants n'ont eu que mon estime;
D'un œil indifférent je vois votre soupçon,
Puisque sans vous trahir je puis aimer Samson.

ACAB.

Vous l'aimez, justes Dieux! quelle est mon infortune,

DALILA.

Etouffons s'il se peut une flâme importune,
Pour vanger ton amour j'immolerai le mien,
Imite mon exemple en immolant le tien,
Ne nous arrêtons point à d'inutiles plaintes.

ACAB.

Voilà donc le malheur que présageoient mes craintes;
Quoy vous êtes sensible & lorsque vous aimez,
Par un autre que moy vos feux sont allumez.
C'étoit pour un rival que brilloient tant de charmes,
Il ne me réservoient que d'affreuses allarmes!
Oüy je ne sçais que trop qu'en vous donnant à moy
Ce ne fût point l'amour qui vous en fit la loy.
J'esperois par mes soins, par ma perséverance,
Vaincre cette froideur seul fruit de ma constance.

Dieux faut-il qu'un Hebreu qu'à suscité le sort,
Ne conserve vos jours qu'en me donnant la mort :
Vous aimez cet esclave, eût-on jamais pû croire,
Qu'un triomphe pareil honora sa victoire !
Ah Madame, ce cœur si long - tems attendu,
Aux vœux d'un autre amant peut-il s'être rendu.

DALILA.

Acab de notre cœur les mouvemens rapides,
Naissent des passions qui leur servent de guides,
Sur nos foibles esprits leur empire absolu,
Malgré tous nos efforts a toûjours prévalu !
Pour l'un indifférens, pour l'autre pleins de flâmes,
Nous ne disposons point du penchant de nos ames,
Sous les traits de l'amour lorsque nous fléchissons ;
Ce Dieu nomme l'objet, & nous obéissons.
   Respectez toutefois une illustre foiblesse,
J'en ferois vanité sans nos loix qu'elle blesse ;
Le Juge d'Israël avant d'être opprimé,
Eût offert un haut rang à qui l'auroit aimé.
   Mais il vient en ces lieux : Phanor le veut entendre
En ce funeste état quel parti puis-je prendre.

ACAB.

Le mien est pris Madame, & je dois en ce jour
Immoler mon rival & non pas mon amour !
Voyez couler le sang.....

DALILA.

Appercevant Samson.

              Que veux-tu faire, arrête,
Suy mes pas, viens sçavoir ce que le sort t'apprête,

ACAB.

Qu'il me soit favorable où mon bras à vos yeux
Perce de mille coups un rival odieux.

SCENE II.

EMANUEL, SAMSON.

EMANUEL.

Mon cœur ne peut suffire aux transports d'allegresse,
Dont le Ciel adoucit, anime ma vieillesse!

Quoy du Dieu d'Ifraël la fuprême bonté
T'a nommé l'inftrument de notre liberté?
Ah mon fils, cher appuy d'une race profcrite,
Sur ton front fortuné ma joye étoit écrite,
Et je reçûs en toy lorfque tu vis le jour,
L'objet de mon bonheur comme de mon amour.
    Détruis donc l'ennemi que le Ciel t'abandonne,
Il veut qu'on obéiffe auffi-tôt qu'il ordonne,
Et j'avoûrai mon fils que tes retardemens,
Me font craindre pour toy fes juftes châtimens.
Tu ne devois entrer dans ce fejour funefte,
Que pour y fignaler la vengeance célefte.
Ce n'étoit que le fer, & la flâme, & les cris,
Qui devoient m'annoncer l'approche de mon fils.

SAMSON.

Des objets trop chéris arrêtoient mon courage,
J'ai dû les affranchir des horreurs du carnage,
Et craindre que fur eux, les Philiftins domptez,
Ne vangeaffent les coups. . .

EMANUEL.

               Vaines perpléxitez.
Croyez que ces égards & cette prévoyance,
Pour vos freres & moy deviennent une offenfe !
Avez-vous dû penfer que nos timides cœurs,
Craigniffent une mort d'où naîtroient vos honneurs ?
Il falloit, animé, d'une aveugle furie,
Ne faire qu'un bucher d'un Cour ennemie ;
Il falloit tout confondre en ce jufte couroux,
Euffions-nous dû périr & même par vos coups.
Vous vous fervez icy d'une inutile excufe,
Et je crois entrevoir. . . . Faites que je m'abufe,
Jufte Ciel, mon efprit rappelle en frémiffant,
Les foupçons d'un amour que votre cœur reffent,
Dalila. . . .

SAMSON.

Quoy Seigneur ?
EMANUEL.
             Ce nom fatal vous trouble,
Vous rougiffez mon fils, & mon effroy redouble.

SAMSON.

Je rougis, il est vray, mais cette émotion,
Ne part point des effets de la confusion ;
Et lorsqu'on est épris du beau feu qui m'anime,
Craindre de l'avoüer en seroit le seul crime.
Le nom de Dalila peut causer mes transports
Mais mon amour pour elle est exempt de remords ;
Tout ne m'apprend-il pas que cette ardeur extrême,
A passé dans mon cœur par l'ordre du Ciel même ;
Et que pour la sauver d'un péril éminent,
Il suscitoit ma main en la luy destinant.
C'est le prix des travaux où sa faveur m'engage,
De ses bontez pour moy cet objet est le gage :
Et vous devez connoître à la grandeur du prix,
Que Dieu seul récompense aujourd'huy votre fils.

EMANUEL.

Samson que parlez-vous de prix, de récompense,
Quoy vous taxez déjà la suprême puissance,
Quelques soient vos travaux osez-vous vous flater,
Que Dieu daigne sur eux descendre & s'arrêter !
    Mais que dis-je ? ce fils qu'un fol amour entraîne,
Ne fera nul effort pour briser notre chaîne ?
Luy-même retenu par d'indignes liens,
Me verra lâchement expirer dans les miens ;
Le Ciel d'un saint devoir vous ouvre la carriere,
Votre erreur en referme aussi-tôt la barriere,
Et loin de résister à de lâches amours,
Vos soins jusques au Ciel leur cherchent du secours,
Le croyez-vous auteur d'une telle foiblesse,
Ah le caprice seul, fait naître la tendresse,
Mais le charme imposteur bien-tôt s'évanoüit
Et le même caprice à son tour le détruit.

SAMSON.

A l'amour le plus pur rendez plus de justice,
La raison le soûtient & non pas le caprice ;
D'un objet si charmant quelques soient les attraits,
Ses vertus dans un cœur portent les premiers traits,
Et le mien pénétré de leurs vives atteintes,
En gardera toûjours les profondes empreintes.
    Mais croyez que Samson soumis à leur pouvoir,
N'en respecte pas moins les loix de son devoir.

Lorſque par notre himen Dalila garentie,
Pourra voir ſans péril embrazer ſa patrie,
Que l'aveugle fureur qui préſide aux combats,
Sur de vrais ennemis pourra guider mon bras !
J'immolerai ſans choix de coupables victimes,
Et leur ſang criminel effacera nos crimes.
　　Oüy je jure Seigneur, par vos jours précieux,
De briſer, de vanger nos fers injurieux,
Et ſi je ne remplis toute votre eſperance,
Puiſſe pour m'en punir, la céleſte vangeance;
Me livrer en opprobre aux Philiſtins cruels :
Que traîné par leurs mains aux pieds de leurs autels,
J'y ſerve de joüet à tout ce peuple impie,
Et que j'y meure enfin, couvert d'ignominie.
　　　　EMANUEL.
C'en eſt aſſez mon fils, après de tels ſermens,
Je puis de votre hymen avancer les momens,
Puiſques des Philiſtins il preſſe la défaite,
Qu'il en eſt le garant, mon ame eſt ſatisfaite !
Mais Phanor voudra-t'il accorder à vos vœux…
　　　　SAMSON.
Je brave les mépris d'un Monarque orgüeilleux,
Qu'il ſoit à mon amour, favorable ou contraire,
Dalila m'appartient, puiſque j'ai ſçû lui plaire.
Mais il faut aujourd'huy pour la juſtifier,
Que Samſon la demande & s'abaiſſe à prier.
　　　　EMANUEL.
Je vais ſans plus tarder annoncer à tes freres,
Et ta gloire prochaine, & nos deſtins proſperes.
Mais mon fils ſonges-tu que pour d'autres appas,
Pour la fille d'Aram. . . .
　　　　SAMSON.
　　　　　　Seigneur n'achevez pas
Le Roy vient, mon rival & Dalila le ſuivent.

SCENE III.

LE ROY, DALILA, ACAB, ARMILLA,
ZAMEC, *suite.*

Samson au fond du Théâtre.

ACAB.

OUi Seigneur, un Hébreu que vos ordres profcrivent,
Fier d'avoir fait tomber un lion fous fes coups,
Ofe aimer Dalila, veut être fon époux.
Déja nos ennemis flatez d'un vain augure,
Font entendre en ces lieux un infolent murmure,
Prétendent que luy feul peut changer leurs deftins !
Hâtez-vous d'enlever cet efpoir aux mutins,
De leur coupable chef, puniffez l'arrogance,
Ainfi que fon amour, fa valeur vous offence.
Les maximes d'état en cet événement,
Défendent que Samfon triomphe impunément.

LE ROY.

D'un rival génereux refpectez le courage,
La vertu doit toûjours s'attirer notre hommage ;
Ma gloire ni l'état n'ont rien à redouter,
Quelque foit cet Hébreu je fçauray l'arrêter,
Et toute fa valeur ne pourra me contraindre,
Qu'à l'admirer, Acab, & non pas à le craindre.
Prévenons cependant des perfides complots !
Des chefs, & des foldats réveillez le repos,

Zamec fort.

Zamec, allez au camp : je marche fur vos traces.
Et je fçauray bien-tôt d'où partent ces ménaces.

DALILA.

Seigneur je fuis en proye aux plus vives douleurs,
Rien ne fçauroit tarir la fource de mes pleurs.
Quoique je détermine en cette concurrence,
Je trahis le devoir ou la reconoiffance ;
Tous deux également tyrannifent mon cœur !
Dans ce cruel combat, quel fera le vainqueur.
Au généreux Acab, ma promeffe me lie,
Le bras de fon rival m'a confervé la vie,

Je ne puis m'acquiter de ce que je leur doy,
Sans devenir ingrate, ou manquer à ma foy.

A C A B.

Princesse, de quels soins êtes-vous agitée,
Eh quoy ! pour un Hébreu votre ame inquietée,
Ne peut elle payer un service fatal,
Sans l'honorer icy du nom de mon rival ?
A mes tendres desirs dès long-tems réservée,
N'étiez-vous pas à moy quand il vous a sauvée,
Votre cœur pour Samson doit-il s'intéresser,
Lorsque c'est à moy seul de le recompenser,
Bannissez des égards dont mon amour s'irrite,
Jusques dans un Hébreu, je chéris le mérite,
Et sçais donner Madame, au service rendu
Tout le prix, tout l'honneur, qui luy peut être dû.
De nos Dieux par son bras la faveur se signale,
Il peut tout espérer d'une main liberale.
Mais de la même main ardente à s'acquiter,
Si jusques à ma flâme il osoit attenter,
Je punirois bien-tôt sa temeraire audace.

S A M S O N.

Le voicy cet Hébreu que ton courroux ménace,
Il vient te disputer de si charmans appas,
Eprouver ta valeur, & défier ton bras.
Je viens d'entendre Acab, ce que tu te proposes,
Et vais t'ouvrir le champ, entres-y si tu l'oses.
    Prince des Philistins, que le Dieu d'Israël,
A choisi pour punir son peuple criminel,
Ministre de ses loix & de notre supplice,
Il t'a commis aussi pour nous rendre justice,
Pour connoître nos droits & pour m'être garant,
Du prix qui cause icy ce fameux différend :
    Aujourd'huy Dalila par mon bras t'est renduë,
Nous prétendons tous deux, que sa main nous soit duë.
Décide maintenant, mais surtout souviens-toy,
Pour ton propre interêt de décider en Roy.

P H A N O R.

Est-ce un Hebreu qui parle, est-ce un Roy qui l'écoute ;
Avec un tel discours tu prétendrois sans doute,
Sortir de la misere où te plonge le sort,
Et finir tes malheurs par une illustre mort ?

Enyvré de l'espoir d'une frivole gloire,
Tu crois en m'outrageant consacrer ta memoire ?
     Mais non, loin de punir ta folle ambition
Tu n'excites en moy que la compassion.
Les Hébreux à mes yeux sont si peu redoutables,
Qu'ils peuvent sans péril y paroître coupables.
Renonce cependant à l'inutile espoir,
Qu'un indiscret amour t'avoit fait concevoir,
Le sang des Philistins, l'orgüeil de leur naissance
Tout deffend à Samson une telle alliance.
Mes decrets....

                    SAMSON.
                         De tes loix je suis assez instruit,
Ton pouvoir les dicta : ma force les détruit.
D'un prince généreux j'attendois la réponse,
Mais puisque c'est icy le tyran qui prononce,
Qu'il sçache que les loix ne peuvent subsister,
Qu'autant que la raison nous les fait respecter,
Qu'il faut que la justice aux hommes les propose,
Pour leur faire subir le joug qu'on leur impose.
     Infléxible vainqueur d'un peuple infortuné,
Penses-tu qu'à jamais le Ciel l'ait condamné,
Et qu'il te soit permis d'augmenter sa misere,
Par les Arrêts cruels que prescrit ta colere !
Tu nous méprises ? crains, qu'un funeste revers,
Ne te fasse tomber du trône dans les fers.
C'est en vain qu'à fléchir tu voudrois nous contraindre,
Les Hébreux desarmez n'en sont pas moins à craindre ;
N'espere pas long-temps joüir de leurs regrets,
Le Ciel a limité le cours de tes forfaits,
Et lorsqu'il nous punit par une main coupable,
Le supplice est cruel, mais il n'est pas durable.
                    PHANOR.
Gardes répondez-moy de cet audacieux,
Qu'une obscure prison....
                    DALILA.
                         Que faites-vous, ah Dieux !
Quoy mon liberateur gémiroit dans les chaînes,
Et pour comble de maux je causerois ses peines ?
Seigneur, épargnez-moy le douloureux affront,
Dont sa captivité feroit rougir mon front,

Je fçay qu'à le punir l'équité vous convie,
Samfon eft criminel, mais je luy dois la vie ;
Et quoique fon audace ait pû vous offenfer
Ne foyez fouverain que pour récompenfer.

ACAB.

Quel jaloux mouvement m'agite & me dévore,
Ingrate Dalila , quoy vous pouvez encore ,
Faire éclater vos foins pour un vil étranger ,
Et retenir le bras qui doit nous en vanger ?

PHANOR.

J'admire les effets de la reconnoiffance ,
Je fçais fur les grands cœurs ce qu'elle a de puiffance ,
Et le votre Madame , en cette extremité ,
M'apprend qu'il les furpaffe en generofité ;
Puifque nos loix , l'amour , votre Roy qu'on outrage ,
Ne peuvent de Samfon balancer l'avantage !
Hé bien ou foyez donc le prix de fa valeur
ou couronez d'Acab l'impatiente ardeur
Décidez fur le champ.

DALILA.
Moy Seigneurs.

PHANOR.
Je l'ordonne

DALILA.

Vos droits fur Dalila . . .

PHANOR.
Je vous les abandonne ,
Mais quelque foit le fort de cet ambitieux ,
Qu'une fuite foudaine en délivre ces lieux ;
Ou je fçauray punir l'infolent qui me brave
Ou comme votre époux , ou comme mon efclave.
C'eft à vous maintenant à vous determiner ,
Madame prononcez. . . .

SAMSON.
Bien loin de m'étonner
Un femblable difcours m'annonce ta foibleffe.
Madame , l'amour feul icy vous intéreffe ,
Phanor de vos devoirs a brifé les liens ,
Il vous remet fes droits , & je rénonce aux miens ,
Libre de tous égards , que votre cœur décide.

ACAB.

Quelle est l'aveugle erreur ou ton orgüeil te guide ?
Crois-tu que Dalila par un honteux aveu,
Voulût à son amant préferer un Hébreu ?
Esclave dans ces lieux peux - tu t'y méconnoître.

SAMSON.

Apprends qu'un tel esclave est icy le vray Maître,
Que toy-même déja n'y respirerois plus,
Si Samson de sa part avoit craint un refus.

DALILA.

Seigneur, que vos bontez pour moy se renouvellent,
Suspendez le couroux dont vos yeux étincellent,
Ne précipitez point un Arrest inhumain.
Que resoudre... il s'attend à recevoir ma main,
Juste Dieux, de quel œil verriez vous un tel crime,
Amour , de tes fureurs sois la seule victime :
Je n'épouseray point Samson ; cruel devoir,
Sur un cœur vertueux connois tout ton pouvoir. *Elle sort.*

PHANOR.

Ses soins, & ton service emportent la balance,
Tu peux dans mes tresors puiser ta récompense,
Je le veux, mais sur tout qu'un exil éternel,
Dérobe à mes regards le fils d'Emanuel.
Acab venez au camp.

SCENE IV.

SAMSON *seul.*

L'Ay je bien entenduë,
Quel charme tient icy ma fureur suspenduë,
Ils me joüoient sans doute, & par un faux aveu,
L'ingrate m'a flaté pour mieux trahir mon feü !
Maîtresse de son choix.... ah perfide Princesse,
Tu vas payer bien cher cette feinte tendresse ?

Ton amant & ton Roy vont bien-tôt éprouver
Ce que peut mon couroux quand on l'ose braver.
Mais devois-je si tard attendre à me résoudre,
Quoy le Ciel à mon bras a confié la foudre,
Et j'ay pû differer. . . . Courons aux ennemis,
Méritons les honneurs qui m'ont été promis,
Vangeons sur ces tyrans nos Tribus oprimées;
Un seul homme, guidé par le Dieu des armées,
Peut soutenir un trône ou le mettre en éclats,
Et changer à son gré la face des Etats.

Fin du second Acte.

ACTE TROISIE'ME.

SCENE PREMIERE.

*Le Théâtre repréſente le camp des Philiſtins, & une
tour dans l'éloignement.*

PHANOR, ACAB.

ACAB.

DE tous vos ennemis la perte inévitable,
Nous vangera bien-tôt d'un eſclave coupable;
Où luy-même en nos mains livré dans un moment,
Recevra de ſon crime un juſte châtiment.
    Mille ſoldats mourans n'ont pû laſſer ſa rage,
Déja de toutes parts il portoit le carnage;
Il venoit dans ce camp répandre la terreur,
Et peut-être ſur vous aſſouvir ſa fureur,
    Quand du grand Prêtre Heli j'ay ménacé la tête,
Que tes ſoins, ay-je dit, écartent la tempête;
Délivre les Tribus d'un dangereux apuy,
Ou tu vois Iſraël périr dès aujourd'huy.
Le Pontife effrayé d'une telle menace,
De ſes peuples tremblans m'a demandé la grace;
Il promet de livter Samſon aux Philiſtins.

PHANOR.

Sera-t'il moins à craindre étant entre leurs mains,
Il a reçu du Ciel des forces invincibles;
J'ay cru lire ma perte en ſes regards terribles.
    Nous pourrions, il eſt vray, de toute autre valeur,
Par de nobles efforts repouſſer la chaleur;
Le courage & la force ont des bornes preſcrites;
Une force oppoſée en reſtraint les limites?
Mais les faits ſurprenants qu'il vient d'executer,
M'aprennent qu'a Samſon rien ne peut reſiſter,
Et que l'ordre du Ciel, le conduit & l'inſpire.

ACAB.

Quoy, Seigneur, à trembler il pourroit nous réduire ?
Nos Dieux entre ses mains voudroient-ils déposer,
La foudre qui ne doit servir qu'à l'écraser ;
Ces Dieux que nous servons & que son culte offence,
L'accableront plûtôt du poids de leur vangeance !
Vous l'allez voir icy sous les fers abattu,
Vous convaincre en tremblant de sa fausse vertu,
Prendre d'un supliant le timide langage,
Et porter en Hébreu le joug de l'esclavage.
Mais que dis-je, Seigneur, après sa cruauté,
Bornerez vous sa peine à la captivité ?
La mort.....

PHANOR.

Ah ne crois pas si le Ciel nous le livre,
Qu'à de tels attentats je le laisse survivre ;
Que dis-je, Dalila décide de son sort,
Tu m'as dit qu'elle l'aime : Il mérite la mort ;
Et puisqu'à cet Hébreu l'ingratte est asservie,
Nous devons le punir d'avoir sauvé sa vie.

ACAB.

Ah laissez m'en le soin, mon amour outragé,
Par un autre que moy ne peut être vangé.

PHANOR.

Non, sans commettre Acab contre ce témeraire,
Je veux.....

SCENE II.

PHANOR, ACAB, EMANUEL.
EMANUEL.

TRemble Phanor, on t'ameine son pere,
Redoute le moment de ma captivité,
Il t'anonce celuy de ton adversité :
Mon fils auroit déja réduit ton trône en cendre,
Si d'un indigne amour il eût pû se deffendre,
Dalila de Samson suspendoit le couroux,
Mais son pere oprimé détermine ses coups.

Je le vois foutenu par des forces divines,
Relever Ifraël fur tes propres ruines,
Renverfer tes faux Dieux, détruire leurs autels,
Et noyer dans leur fang tes peuples criminels.

PHANOR.

Pour impofer un frein à leur cruelle rage,
Que de ce furieux le pere foit l'ôtage ;
Et que dans cette tour il reçoive la mort,
Si Samfon contre nous tente le moindre effort.

EMANUEL.

Crois-tu par mon trépas arrêter fa victoire,
Il fçait que de mon fang j'achepterois fa gloire !
Ah plût à l'éternel, pour moy, pour tous les miens ;
Que mes derniers foupirs entraînaffent les tiens,
Tu me verrois courir au fupplice avec joye,
Si des mêmes tourmens tu devenois la proye ;
Et quoy qu'avec ton fang le mien fût répandu,
Je n'aurois pas l'affront de l'y voir confondu.

PHANOR.

Je reconnois ton fils à ta haine farouche,
Effayons, puifqu'enfin nul bienfait ne le touche,
Si ta mort peut au moins émouvoir fon grand cœur.

EMANUEL.

Pour me faire périr tu crains trop ce vainqueur.

PHANOR.

Je le crains ? à l'inftant tu m'en verras le maître ;

EMANUEL.

Mon fils feroit le tien, s'il avoit voulu l'être ;
Il en eft tems encore & tu peux éviter.
L'abîme où ton erreur va te précipiter.
Remets en liberté nos tribus outragées,
Avant que par ta mort Samfon les ait vangées.
Tu peux luy dérober des triomphes certains,
Et relever un Sceptre échapé de tes mains :
    Tu crois que la frayeur me dicte ce langage ?
Reconnois les Hébreux au motif qui m'engage,
Ton bonheur m'obftina dans mon inimitié
Et ta perte prochaine excite ma pitié,
Redoute.... Mais ce cœur impie & téméraire,
Pourroit-il profiter d'un confeil falutaire !

Adieu

Adieu, j'entends tonner l'éternel en courroux ?
Et vais de ma prison, voir éclater ses coups.
Israël, beniſſez cette ſainte journée.

PHANOR.

Déplore bien plûtôt ta race infortunée

SCENE III.

PHANOR, ACAB, ZAMEC. *ſuite.*

L'ESCLAVE D'ACAB.

SEigneur grande nouvelle, on amene Samſon
Enchaîné comme un Ours, & doux comme un mouton,

PHANOR.

Acab, je te remets & le fils, & le pere,
Diſpoſe de leur ſort au gré de ma colere ;
Et ſonge en puniſſant ces Hébreux criminels,
A vanger ton amour, mon peuple, & nos Autels,

SCENE IV.

ACAB. *ſeul.*

AH ! je ne puis ſi loin porter mon eſperance,
Ce n'eſt que pour les Dieux qu'eſt faite la vangeance ;
Samſon en ce moment à mes pieds renverſé,
Ne ſçauroit appaiſer mon amour offenſé,
Et même après ſa mort, je crains que ſon image,
Dans le cœur d'une ingrate encore ne m'outrage.
C'eſt là que triomphant d'un rival malheureux,
Sans ceſſe il renaîtra pour traverſer mes feux,
Il ne peut au tombeau diſſiper mes allarmes,
Sa perte coûtera de précieuſes larmes !
Eh quel ſort plus heureux pourroit-il ſouhaiter ?
Je mourrois mille fois, pour me voir regreter.

C

N'importe, qu'il périffe ; & fur tout qu'il ignore,
Jufqu'où va fon bonheur, à quel point on l'adore,
Le voicy ? fur fon front je vois avec horreur,
Les traits qui de l'ingratte ont embrafé le cœur ;
Ses funeftes regards redoublent ma colere,
Qu'un rival eft affreux ! lorfqu'on nous le préfere.

Samfon pa-
roît.

SCENE V.

SAMSON, ACAB, ZAMEC, PHILISTINS.

SAMSON.

POur punir mes tyrans ma haine a profité,
du ftratagéme heureux qu'eux-même ont inventé ;
Traîtres, qui n'avez pû me vaincre à force ouverte
Votre propre artifice avance votre perte,
Puifqu'il m'approche enfin, de ces laches foldats,
Que la peur de mourir déroboit à mon bras.

ACAB.

Le Ciel entre nos mains a remis le coupable :
Voicy de fes fureurs le terme redoutable,
Philiftins : que fon fang à vos yeux répandu,
Vous vange de celuy que vous avez perdu.

SAMSON.

De mon pere captif quel peut être le crime,
Contre un foible vieillard, quel interêt t'anime,
Acab, dans la prifon, pourquoy le retenir.

ACAB.

C'eft de tes attentats que l'on doit le punir.
Qui peut chérir un fils fi digne du fupplice,
Partage fes forfaits, en devient le complice.
Ce vieillard dont l'orgüeil nous bravoit à l'inftant
Dans cette affreufe tour & t'appelle, & t'attend.
Chaffes-en fi tu peux, la mort qui l'y menace,
Viens brifer des liens où gémit fon audace,
A ta feule valeur il veut avoir recours,
Hâte-toy, fon état a befoin de fecours.

SAMSON.

J'obéis aux decrets, que mon ame respecte,
Oüi je vais vous vanger de cette race abjecte,
Grand Dieu. Mais dans le rang où vous m'avez admis,
Pourquoi ne m'offrez-vous que de tels ennemis !
Mon indigne rival ne sçauroit se contraindre,
Il me brave au moment qu'il cesse de me craindre,
Que ferois-tu de plus pour aigrir ma douleur
Si tu devois mes fers à ta propre valeur.
Ne crois pas cependant ta victoire parfaite,
Il en doit plus coûter Acab, pour ma défaite,
Et malgré cette armée à qui tu fais la loy,
Ta fierté va bientôt faire place à l'effroy.
    Philistins, à la mort rien ne peut vous souftraire,
Ce jour est le dernier enfin qui vous éclaire :
Je détruis le pouvoir qu'on vous vit usurper,
Tout ce camp est ma proye il ne peut m'échaper.
Il vous reste un moyen, pour fléchir ma colere,
Je fais grace à tous ceux qui m'offriront mon pere,
Emanuel vivant, pourra seul arrêter,
Les coups que par mon bras, le Ciel va vous porter.

ACAB.

Penses-tu qu'à ton gré, tes clameurs les séduisent,
Cesse de vains discours que mes soldats méprisent.
Tu joüis trop long-temps de la clarté des Cieux,
péris avec ton pere aux Autels de nos Dieux ?
Et pour mieux ressentir le malheur qui t'oppresse,
A ces mêmes Autels : contemple la Princesse,
Elle m'y donne un cœur que tu n'a pû toucher,
Et des feux de l'hymen, allume ton bucher.

SAMSON.

Ah ç'en est trop, je cede au couroux qui m'enflame,
De traits les plus affreux tu déchires mon ame,
La perfide..... Il est tems de punir ton orgüeil,
Et de mettre avec luy ton amour au cercüeil :
Brisez-vous fers honteux, laissez agir ma rage,   *Il rompt ses*
Eteignons dans le sang, un si cruel outrage.   *chaînes, ra-*
masse une ma-

ACAB.

Que vois-je...Ah quand le Ciel devroit te secourir,   *choire, &*
Philistins, c'est icy que Samson doit périr.   *combat les*
Philistins.

SAMSON.

Viens Acab. . . .

A C A B.

Ne crois pas Samson que je t'évite.

Après avoir
combattu
quelque tems. Quoy d'indignes soldats ! m'entraînent dans leur fuite.

S C E N E V I.

S A M S O N *seul*.

Periffez Philiftins , votre fang en ce jour,
   Doit cimenter ma gloire & vanger mon amour.
Et toy lache rival, du coup que je t'apprête,
Ne crois pas en fuyant, mettre à couvert ta tête !
Quoy, ce vil inftrument détruit vos bataillons,
Des plus braves foldats il couvre vos fillons.
Philiftins, rappellez ce courage intrépide,
Et qu'une noble ardeur contre Samfon vous guide ?
La fuite à mon courroux ne peut vous dérober ?
Combattez-moy du moins avant de fuccomber ;
   Mais déja loin d'icy la terreur les entraîne,
Et la nuit va tromper ma pourfuite & ma haine ;
Pour ne point arrêter le cours de mes exploits,
Soleil, fufpens le tien une feconde fois,
Je combats aujourd'huy pour la même querelle,
Qui jadis te fixa dans ta courfe éternelle !
   Aux Juges d'Ifraël mêmes droits font tranfmis,
Un autre Jofué, te commande : obéis.
Achevons de répandre un fang que je détefte,
De ce camp fugitif, détruifons ce qui refte ;
Coupables ennemis, Samfon pour fe vanger,
Jufques dans votre azile ira vous affieger.
Sous mes coups redoublez, que vos guerriers fuccombent,
Que vos murs, vos remparts, à mon feul afpect tombent?
Je veux que déformais vos fuperbes citez,
Soient des lieux par l'horreur & la mort habitez.
Courons. . . . Mais jufte Ciel ! quelle foif dévorante ;
Je me fens embrafé d'une haleine brulante,

Et mon corps accablé du plus affreux tourment,
Entraîne mes esprits dans son abbatement.
Quel supplice imprevû, quelles cruelles peines ?
Ah ! tout mon sang boüillonne, & tarit dans mes veines,
Cherchons quelque remede à des maux si pressans.
Quoy ! l'herbe se flétrit sous mes pas languissans,
Les ruisseaux desséchez semblent fuir un perfide,
Et la terre à mes yeux n'offre rien que d'arride.
Je succombe, je meurs... Grand Dieu permettras-tu,
Que sous ce feu cuisant Samson soit abbatu :
Ses triomphes sont vains, sa gloire est imparfaite,
Puisque dans sa victoire il trouve sa défaite.
    Mais quel aveuglement, suit ta présomption,
Tu n'as pû surmonter ta folle passion,
Et tu veux ignorer lâche, quels sont les crimes,
Qui rendent aujourd'huy tes tourmens légitimes,
Souviens-toy, que tu viens de combattre en ce lieu,
Pour vanger ton amour , & non pas pour ton Dieu ?
Malheureux ! tu croyois ne devoir qu'à toi-même,
Le succès que tu tiens de sa bonté suprême,
Appuyé de son bras, tu faisois tout trembler,
Mais sans luy, le plus foible auroit pû t'accabler.
    Mon mal redouble... helas mes sens s'évanoüissent. *Il tombe.*
Mes yeux sont obscurcis, & mes genoux fléchissent,
Je vois l'horrible mort errer autour de moy,
C'en est fait... Dieu puissant ! j'espere encore en toy ;
Sur les maux de Samson jette un regard propice,
Ta clemence toujours, balança ta justice ?
Indigne des honneurs que tu m'as présentez
Que je partage icy tes immenses bontez.
Ah si le repentir, fait descendre ta grace,
Je ne sçaurois périr, & mon crime s'efface.
    Ce foudre destructeur de tant de Philistins,
Produira si tu veux, une source en mes mains ?
C'est toy qui me l'offris contre ce peuple impie,
Il luy donna la mort : qu'il me rende la vie,
Semblable à ce rocher, dont Moïse autrefois,
Vit jaillir un torrent sur ton peuple aux abois ?
    On t'exauce Samson ! source délicieuse...
Tu répands dans mon sein une eau miraculeuse.

*Il sort de
l'eau d'ou les
côtez de la*

machoire, &
Samson boit.

O tourmens précieux, je benis mes douleurs
Puisque les soins d'un Dieu *!* terminent mes malheurs,
Employons dignement des jours qu'il renouvelle
Cherchons ses ennemis , & vangeons sa querelle.
    Mais mon pere gémit dans ces cachots obscurs,
Pour aller jusqu'à luy , pénétrons dans ces murs.

Il veut en-
foncer les
murs de la
tour où est son
pere.

SCENE VII.

SAMSON, EMANUEL *dans la prison.*
EMANUEL.

G Arde-toy mon cher fils d'user de violence,
  Où ma mort toute prête en ces lieux te devance.
SAMSON.
Qu'attendez-vous soldats , ouvrez sans plus tarder,
Ou tremblez pour vos jours...

SCENE VIII.

SAMSON *au fond du théâtre,* **EMANUEL** *dans la*
prison. **L'ESCLAVE D'ACAB.**
L'ESCLAVE *tenant des clefs*

            I L croit m'intimider ,
Ouvrez dit-il? les clefs sont en des mains fidelles
Et je n'espere pas que l'on t'ouvre sans elles.
Quel terrible frapeur ! on peut assûrement,
Dire que cet Hébreu, rosse fort proprement.
    Que je suis fortuné , d'avoir par mes souplesses
Esquivé dans le choc ses brutalles caresses,
S'il m'avoit pû tenir...
SAMSON.
Ouvre...
L'ESCLAVE.

            Je suis perdu,
Seigneur, je ne le puis, cela m'est deffendu

SAMSON.
Connnois-tu bien Samson.
L'ESCLAVE.
Que trop?
SAMSON.
A l'heure même
Obéis, ou tu meurs?
L'ESCLAVE.
Il parle sans emblême
Que faire, * ahy ahy.

* Samson
le prend par
le bras.

SAMSON.
He bien.
L'ESCLAVE.
Je ne résiste plus
Vous êtes trop poly pour craindre mes refus.
Il entre sans façon, à propos je m'avise
Enfermons-le. je crains.... mais quelle est ma bêtise,
Et quelle sotte peur vient icy me saisir,
Puisqu'il veut voir son pere, il aura tout loisir.
Pour le coup je le tiens & la porte est fermée,

Il ferme la
porte.

J'auray plus fait moy seul, que toute notre armée.
Courons donner au Roy cet avis important.
Une telle nouvelle est de l'argent comptant;
Mais d'un fâcheux soucy, mon ame est possedée,
Mon bras est allongé de plus d'une coudée,
Il me l'a tant tiré ce maudit furibond.....
Ah! voyez de combien plus que l'autre il est long!
SAMSON *dans la prison.*
Qu'on ouvre cette porte.
L'ESCLAVE.
Oh, oh quel fier langage,
Je ne l'ouvriray point, vous êtes bien en cage,
Tenez-vous-y Seigneur.
SAMSON.
Redoute mon couroux,
L'ESCLAVE.
Je suis en sûreté je connois mes verroux;
Mais puisque vous avez une pate si forte,
Allons, servez-vous-en pour enfoncer la porte,
Elle n'est que de fer: que vois-je... ç'en est fait
La porte est disparuë... ah je suis stupéfait.

C iiij

Détalons au plûtôt, sa bile est échauffée.
    SAMSON, avec son pere, & les portes
        de la prison sur ses épaules.
Honorable fardeau, servez-moy de trophée,
Ne perdons point de tems, courons Emanuel,
Rendre de mon triomphe hommage à l'éternel?
   Ce jour pour votre fils est un jour de miracles;
Allons nous prosterner aux pieds des tabernacles;
Et je vole à Gaza, remplir l'ordre divin,
En répandant le sang du dernier Philistin.
       EMANUEL.
Hate-toy mon cher fils !
       L'ESCLAVE.
         Tuchoux comme il l'emporte;
Tenez, prenez aussi les clefs avec la porte;
Il devoit bien encor pour faire un plus beau tour,
Emporter sur son dos, son pere avec la tour.

Fin du troisiéme Acte.

ACTE QUATRIE'ME.

SCENE PREMIERE.

Le Théâtre repréfente le Palais du Roy des Philiftins.

PHANOR, L'ESCLAVE D'ACAB.

PHANOR·

DU camp des Philiftins Samfon feroit vainqueur,
Puis-je le croire, ô Ciel !

L'ESCLAVE.

           N'en doutez point, Seigneur,
Les fuyards ont raifon, leur récit eft fidéle
A toute votre Armée il a cherché querelle ;
Vos foldats ont fondu fur lui par pelotons,
Il les a difperfez comme des hannetons :
Non, fans les affliger de mortelles bleffures
Qu'il leur diftribuoit à fort bonnes mefures.
D'abord le Sieur Acab a fait le fanfaron,
Mais un moment après il a fait le poltron,
Et laiffant nos Guerriers fur le champ de bataille,
A prudemment du Fort, regagné la muraille :
Je fuis demeuré feul, avec votre ennemi ;
De plus, le croiriez-vous, Seigneur, j'en ai frémi !

PHANOR.

Sort fatal.

L'ESCLAVE·

Mais bien-tôt par un coup d'induftrie
La force de Samfon cede à mon grand genie,
Politiques, aux Rois, vous valez des tréfors,
Les heureux changemens font dûs à vos efforts,
Pour délivrer fon pere, il veut entrer lui-même
Dans la prifon, qu'on garde avec un foin extrême,
Il me force à l'ouvrir, à peine eft-il entré

Qu'à plus de douze tours je l'enferme à mon gré,
Il éclate, il fulmine, il commande, il menace;
Mais je tiens fous la clef, fon orgüeilleufe audace.

                P H A N O R.
J'ignorois le fuccès de ton activité,
Sois fûr que par mes dons. . . . .

                L' E S C L A V E.
                          Je m'en fuis bien douté.

                P H A N O R.
Mais pourqnoy me cacher. . . . . .

                L' E S C L A V E.
                          Seigneur, c'eft que perfonne
Ne pouvoit vous donner, l'avis que je
J'étois feul.

                P H A N O R.
                Quoy Samfon feroit en mon pouvoir!

                L' E S C L A V E.
Ne vous preffez point tant, Seigneur, vous allez voir.

                P H A N O R.
As-tu les clefs fur toy?

                L' E S C L A V E.
                          Les voicy, mais qu'importe.

                P H A N O R.
Puifque tu tiens les clefs. . . . . .

                L' E S C L A V E.
                Oüy, mais il tient la porte
Luy.

                P H A N O R.
                Comment?

                L' E S C L A V E.
                Oüy, vous dis-je, & fans plus difcourir,
Voyant qu'avec les clefs je refufois d'ouvrir,
Il a fort prudemment ufé d'un d'un ftratagême.

                P H A N O R.
Duquel?

                L' E S C L A V E.
                D'ouvrir la porte, avec la porte même;

                P H A N O R.
Mais je ne comprends pas. . . . .

                L' E S C L A V E.
                Vraiment je le crois bien,

Je ne le comprends pas non plus, & le moyen ;
Cependant, je l'ay vû d'une démarche fiére
Emporter à la fois & la porte & son pere :
Si vous ne m'en croyez, allez à la prison,
Vous n'y trouverez plus ni porte ni Samson. *Il sort.*

SCENE II.

PHANOR, ARMILLA.

PHANOR.

Les destins conjurez contre nous se déclarent ;
Je pressens, mais trop tard, les maux qu'ils nous préparent ;
Les Hébreux vont renaître, & je lis sur leurs fronts
L'âpre ressentiment qui vange les affronts.
Un seul homme Armilla, renverse mon Empire,
Et ces Dieux immortels qui semblent y souscrire,
Loin de me seconder en ce désordre affreux,
Favorisent le bras qui s'éleve contre eux.
Ah ! puisque leur secours au besoin m'abandonne...

ARMILLA.

Il est d'autres moyens que le hazard vous donne.
Employons l'artifice à perdre un criminel,
Tout, n'est-il pas permis pour détruire Israël ?
Samson trop aveuglé de son amour extrême,
Vous offre des secours contre sa valeur même
Il aime Dalila : qu'elle flatte l'Hébreu
Du secret de sa force, il luy fera l'aveu.
Pour vaincre les rigueurs d'une amante rebelle,
Il n'est point de secrets qu'un amant ne reveile.
Engagez la Princesse à flatter son espoir,
Et Samson dès ce jour ! est en votre pouvoir.

PHANOR.

Dalila le trahit : la perfide l'adore.

ARMILLA.

Je sçai quelle est pour lui l'ardeur qui la dévore ;
Mais c'est ce même amour qui doit l'embarasser,
Dans le piege fatal que je vais leur dresser.
Oüy, d'un soupçon jaloux il faut frapper son ame,
Attaquons avec art, l'interêt de sa flâme ?

Quelle aprenne aujourd'huy que pour d'autres attraits,
D'un violent amour l'Hébreu reſſent les traits.
　　Samſon long-temps épris d'une autre Philiſtine,
A former ce projet, Seigneur, me détermine,
Feignons qu'a Tamnatée il a donné ſa foy ;
Dalila va le perdre en ſon aveugle effroy.
Quelle cede un moment à ce ſoupçon funeſte,
Et les ſoins d'Armilla, vous répondent du reſte.
P H A N O R.
L'artifice peut-il entrer dans mes projets ?
A R M I L L A.
Vous le devez, Seigneur au bien de vos Sujets.
P H A N O R.
Quelle perde Samſon : mais dans cette entrepriſe
Que l'amour du devoir, s'il ſe peut la conduiſe.
A R M I L L A.
Je la vois.

S C E N E III.

P H A N O R, D A L I L A, A R M I L L A.

P H A N O R.

Dalila, Samſon victorieux,
Arrive triomphant, de nous, & de nos Dieux ;
Mon camp eſt diſperſé, ce Guerrier implacable,
A tout fait ſuccomber ſous ſon bras redoutable
Un reſte de ſoldats qui défendent le Fort,
Va bien-tôt à ſon tour ſubir le même ſort :
Acab, lui-même en vain, s'oppoſoit à ſa rage,
Contre un tel ennemi qu'auroit pû ſon courage ?
　　Je n'ai plus à choiſir dans cette adverſité
Que la fuite, la mort, ou la captivité.
La mort eſt mon recours, & je dois une marque
qui montre à mes Sujets le cœur d'un vray Monarque ;
Je vais contre Samſon, conduiſant mes débris,
Offrir à ſa fureur......
D A L I L A.
Ah Seigneur, je frémis !

N'expofez point des jours. . . . .
PHANOR.
Que dites-vous Princeffe,

Quelle fauffe pitié pour moi vous intereffe ;
Epargnez-vous des pleurs, forcez & fuperflus ?
Mon fort n'eft point l'objet, qui vous touche le plus.
Er quoique votre amour caufe nos infortunes,
Mes difgraces icy, ne nous font pas communes.
DALILA.
Ah ! ne m'accablez point de reproches affreux,
Si j'ai fuivi, Seigneur, un panchant malheureux,
Mon amour immolé malgré fa violence,
Rend plus à la vertu, qu'il n'ôte à l'innocence.
PHANOR.
Ne pas s'abandonner au feu qui le furprend,
N'eft point pour votre cœur un effort affez grand,
Dalila doit encor, pour effacer fa honte,
Perdre fans balancer l'ennemi qui la dompte.
Ah du moins ! fi vos yeux ont été deftinez,
A caufer le trépas de tant d'infortunez,
Réparez-en le crime, & que ces mêmes charmes,
Qui cauferent nos maux, finiffent nos allarmes.
La force dont Samfon nous accable aujourd'huy,
Confifte en un fecret qui n'eft fçû que de luy.
Flatez-le d'un hymen pour percer ce myftere,
Il eft vaincu.
DALILA.
Non, non, c'eft en vain qu'on l'efpere,

Pourrois-je jufte Ciel par un coupable effort,
Luy ravir fon fecret, & luy donner la mort ?
Quoy de tant de Guerriers, la valeur atiedie,
Ne fçauroit-elle agir que par ma perfidie,
Pourriez-vous profiter de cette trahifon ?
Je vous ferois rougir ! en vous livrant Samfon.
PHANOR.
Eft-il contre un Hébreu de trahifon honteufe ?
Je connois les devoirs d'un ame genereufe,
Madame, & j'avois fçû, même vous les tracer ;
Mais un funefte amour vient de les effacer.
Ofez-vous hefiter à trahir un impie ?
Le Ciel en vous formant, vous fit fon ennemie.

Ce font-là les égards qui doivent prévaloir,
Et la Religion est le premier devoir.
Les interèts des Dieux font des ordres suprêmes.
DALILA.
Ils ont la foudre en main : qu'ils se vangent eux-mêmes :
Ouy, les Dieux seuls ont droit d'exercer leur couroux,
Ce qui pour eux est juste, est un crime pour nous.
PHANOR.
Du sang de mes ayeux vous avez receu l'être ?
A quelle marque helas le faites-vous connoître !
Mon Trône chancelant, mes Sujets terrassez.
Nos Autels abbatus, & mes jours menacez ;
Des Hébreux revoltez, les barbares outrages,
Tout, n'offre à vos regards que de vaines images,
Pouvez-vous immoler a de coupables feux,
La nature, les Loix, le devoir & les Dieux.

 Ah Dalila ! quel aftre à votre fort préfide,
Vous n'ofez vous réfoudre à punir un perfide,
Qui peut-être à l'inftant couronne fes forfaits ;
Et vous laiffez périr de fideles Sujets,
Ce peuple dont le fang, coule pour vous défendre
D'une main qu'il chérit, ne peut-il rien attendre :
Qu'oppofer à Samfon ? nos plus braves foldats :
Ont-ils pû foutenir les efforts de fon bras ?
Ouy, fans doute, un Démon anime fon courage,
Luy donne cette force, & l'excite au carnage.
A perdre ce cruel tout vous doit inviter ;
Cet amour, que pour vous il faifoit éclater,
Porte luy-même atteinte à votre renommée,
Puis qu'enfin vous avez une rivale animée.
Eh quoy, vous vous troublez ?
DALILA.
   Dieux, qu'eft-ce que j'entens ?

SCENE IV.

PHANOR, DALILA, ACAB, ARMILLA.
ACAB.
AH Seigneur, ménagez de précieux inſtans,
Samſon dans ſes projets n'a plus rien qui l'arrête,
A ſa temerité dérobez votre tête,
Je l'attens, & bientôt il marche ſur mes pas,
Conduiſez la Princeſſe, & ſauvez tant d'apas.
PHANOR.
Non Acab, le deſſein que votre Roy médite,
Nous reſerve au triomphe, & non pas à la fuite !
Dalila, demeurez.....
ACAB.
Vous me glacez d'effroy,
DALILA.
Seigneur.

PHANOR.
Voyez Samſon.
ACAB.
Ah grands Dieux,
PHANOR.
Suivez moy.

SCENE V.

DALILA, ARMILLA.
DALILA.
IMpitoyable ſort, ta fureur eſt comblée,
Des coups les plus affreux je me ſens accablée,
Mon courage y ſuccombe, & tu me fais ſouffrir
Tous les maux qu'aux mortels ta rage peut offrir ;
Tu me forças d'aimer l'Hébreu qui nous opprime,
De cette paſſion volontaire victime,
Je ſuivis un devoir tyran de mes ardeurs :
Tout, juſqu'à ma vertu, ſignale tes rigueurs.

Cet amour toutefois, quoique fans efperance,
Regnoit fur mes efprits avec tant de puiffance,
Que mon cœur degagé des vulgaires defirs,
De fa feule conftance eût fait tous fes plaifirs ?
Il falloit donc encor pour affouvir ta haine,
M'apprendre qne Samfon, vient de brifer fa chaîne,
Et que trop foible helas pour pouvoir m'imiter,
D'un fi parfait exemple il n'ait pû profiter.
L'ingrat en aime une autre ? ô nouvelle fatale.....
Dalila, croyois tu trouver une rivale ??
Mais quel eft cet objet qui trouble mon repos !

A Armilla.

ARMILLA.

On dit que Tamnatée a foumis ce héros ?
Quelque foit ce rapport il bleffe votre gloire,
Mais fans l'aprofondir, gardez vous de le croire ;
Peut-être que le Roy, pour accabler Samfon,
Jette dans votre efprit un injufte foupçon ;
Peut-être qu'enchanté d'une flâme nouvelle,
Samfon le juftifie & vous eft infidelle :
Ce doute en un inftant peut être dévoilé !
Exigez le fecret dont on vous a parlé,
L'aveu d'un tel fecret par qui feul il peut vaincre ;
De fa fidelité, pourra feul vous convaincre ;
Alors, fans le trahir vous tiendrez en vos mains
Et la gloire & le fort, du plus grand des humains.

DALILA.

Que me propofes tu.....

ARMILLA.

S'il vous aime, Madame,
Doit-il rien ménager pour vous prouver fa flâme ?

DALILA.

Et s'il peut reveler ce fecret important,
J'en dois aux Philiftins l'avis au même inftant ?

ARMILLA.

Non, defabufez vous. & malgré nos maximes,
Vos foupirs pour Samfon deviendront legitimes,
Vous luy devez la vie, il faut qu'à ce bienfait,
Dans les cœurs genereux, cede tout autre objet.
Je diray plus Madame, envain nos loix s'opofent,
A l'hûnen que les Dieux fans doute vous propofent ;

L'état

L'état fur fon déclin vous oblige à ce choix,
Et Samfon triomphant, impofe d'autres loix.
Ah plût aux immortels, qu'un aveu falutaire,
Vous fit de fon fecret feule dépofitaire,
Vous ne douteriez plus du cœur de votre amant,
La paix dans ces climats naîtroit en un moment;
Dalila garderoit ce fecret qui le lie,
Et fans perdre Samfon, fauveroit fa patrie.
Mais il vient, vos foupçons peuvent être éclaircis.....

DALILA.

En ce cruel inftant, mes vœux font indécis.

ARMILLA.

Ecoutons leurs difcours..... faites qu'il fe declare!
Dieux que nous implorons? livrez nous ce barbare.

SCENE VI.

SAMSON, DALILA *affife.*
SAMSON *fans voir Dalila.*

JE n'ay jufqu'à prefent triomphé qu'à demi,
  Si je ne vois tomber mon plus grand ennemi,
En vain à mes regards fa lâcheté le cache,
Du fein de fon Palais il faut que je l'arrache;
Et je ne puis du Ciel accomplir les decrets,
Qu'en joignant aujourd'huy, le Monarque aux fujets.
Oüy, tu verras périr trop ingratte Princeffe,
Les indignes objets de toute ta tendreffe,
Toy même tu devrois en proye à ma fureur......

DALILA.

Ne cherche pas plus loin, frape, voila mon cœur,
Que ta main par pitié me prive de la vie,
Termine les malheurs dont elle eft pourfuivie?
De tes bontez pour moy j'attens ce dernier trait,
Bien plus cher à mes yeux, que ton premier bienfait.

SAMSON.

Qu'anonce ce difcours, eft-ce remotds ou crainte?
Eft-ce un nouvel effet de quelque lâche feinte,
Ou le jour qui nous luit, te paroît-il affreux?
Parce que tu le dois à mes foins genereux?

D

Mais dis-moy cependant ; qui te forçoit cruelle,
A feindre les transports d'une ardeur mutuelle ;
Pourquoy flatter l'espoir de mon amour naissant,
Et redoubler mes feux en les applaudissant ?
Car enfin, tu m'as fait l'aveu de ta tendresse,
Et quoyqu'alors ton cœur condamnât sa foiblesse,
M'en invitoit-il moins à suivre tes apas !
Toute femme à nos vœux opposent des combats ;
Mais malgré les terreurs dont elle est allarmée,
Quand elle dit qu'elle aime, elle veut être aimée.
Etoit-ce pour orner le char de mon rival ,
Que tu feignois. . . . .

D A L I L A.

Samson, que tu me connois mal :
Dequoy m'accuse-tu, parle, quel est mon crime ?
Ose tu m'en faire un d'un effort magnanime ?
J'ay refusé ta foy ? loin de t'en irriter,
Plains moy, puisque mon cœur brûloit de l'accepter :
Mais pouvois-je au mépris de nos loix, de ma gloire,
Aux yeux de l'univers avoüer ta victoire !
Ce plaisir m'est ravi par les Dieux ennemis,
Et flattoit trop mes vœux pour qu'il me fût permis.

S A M S O N.

Ce dehors specieux n'a rien qui m'ébloüisse,
Et ne peut me cacher le fond de l'artifice ;
Si tu te crûs forcée à refuser ma foy,
Il falloit tout quitter, ne pouvant être à moy ;
Il falloit renoncer à l'hymen qui te lie,
Pour imposer silence à ma flâme trahie :
Victime comme toy des loix, de ton devoir,
J'aurois en gémissant admiré leur pouvoir.
Mais accepter la main d'un rival que j'abhorre. . . . . .

D A L I L A.

D'un soupçon outrageant tu m'accables encore ?
Barbare, n'ay-je pas suivi sans hésiter,
Les leçons qu'avant toy, mon cœur sçût me dicter.
Que parles-tu d'hymen. . . . .

S A M S O N.

Je sçais tout infidelle ,
De la bouche d'Acab je tiens cette nouvelle ,

Tu voulois me cacher un si honteux secret,
Mais il a trop d'orgüeil, pour être amant discret.
  Cours, & que sans tarder, cette union parfaite,
Aux Autels de tes Dieux, célébre ma défaite,
Va luy donner le prix de ses nobles travaux !

DALILA.

Les amans doivent-ils en croire leurs rivaux ?
J'épouserois Acab ! moy dont l'indifférence,
A ses feux pour jamais ravit toute esperance.

SAMSON.

Acab, ne sera point ton Epoux ?

DALILA.

Qu'à tes yeux

Puisse m'anéantir la colere des Cieux. . . . .
Dois-je te rassurer par un serment terrible,
Crois-en plûtôt ce cœur, pour toy seul trop sensible,
D'autres feux que des tiens, peut-il être surpris ?

SAMSON.

Vous redoublez celuy dont le mien est épris ;
Mon bonheur est parfait & Dalila fidelle,
A mes tendres regards ! paroît encor plus belle ;
Princesse, à mon amour pardonnez mon couroux,
Que j'en puisse expier le crime, à vos genoux.

Il se jette à
ses genoux.

DALILA.

Ah foible Dalila ! le soin de me défendre
M'entraînoit malgré moy vers un penchant trop tendre,
Et l'ingrat, dont mon cœur devroit se défier
Me force en cet instant à me justifier.
  Samson à mes genoux. . . . . Quoy j'y souffre un impie,
Un meurtrier ! couvert du sang de ma patrie :
Va, porte à ma rivale un criminel encens,
Sur mon cœur desormais qu'est-ce que tu prétends ?
Cesse de décevoir une amante irritée.

SAMSON.

Oüy, Madame, il est vray, j'ay servi Tamnatée,
Et mon pere forçant mes vœux à se trahir,
M'ordonna de l'aimer, je feignis d'obéir,
Mais. . . .

D ij

DALILA.

Qui m'assurera, qu'elle n'est point aimée,
Et que pour Dalila ton ame est enflâmée?
Mais que dis-je, comment pourrois-je m'en flatter,
Par quels traits, ton amour prit-il soin d'éclater?
L'horreur, le desespoir qui suivent tes ravages,
Le meurtre, la fureur, te tiennent lieu d'homages,
Le sang des Philistins qui coule sous mes pas,
Est le seul sacrifice offert à mes apas.
Tandis qu'en ta faveur la plus vive tendresse,
Contre un Héros qui m'aime aujourd'huy m'interesse,
Que pour mieux te garder une constante foy,
Je trahis les bontez de Phanor, de mon Roy;
Et tandis qu'insensible aux maux de ma Patrie,
Je semble en t'écoutant approuver ta furie,
Eh que sçay-je, tandis qu'on te laisse esperer,
Une main dont le temps auroit pû t'assurer....
Qu'ay-je dit.

SAMSON,

Ah Madame! ah Princesse charmante,
Je serois possesseur de ce bien qui m'enchante!
Dalila, commandez, il n'est point de devoir,
Que je ne puisse enfraindre après un tel espoir;
Mon bras, aux Philistins ne sera plus funeste,
D'un peuple assez puni j'épargnerai le reste.
Je promets tout.

DALILA.

Samson ces transports empressez
Pour rassurer mon cœur, ne parlent point assez,
Ma défiance exige une preuve plus forte,
Sçachons si ton ardeur sur mes doutes l'emporte?
Je veux que mon amant développe à mes yeux,
Des forces de son bras, le point mysterieux.
Dois-tu ce don funeste aux Puissances suprêmes?

SAMSON.

Que me demandez-vous, ô Ciel!

DALILA.

Rien, si tu m'aimes...
Pourquoy frémir Samson, un amant généreux
A-t'il quelques secrets pour l'objet de ses vœux?

SAMSON.

Le mien ne peut ceder à l'excès de ma flâme,
En vous le confiant je me perdrois Madame.

DALILA.

Que crains-tu, que ma bouche ose le publier,
Que jusqu'à te trahir je puisse m'oublier?
Cruel, plus ce secret interesse ta vie,
Et plus à le garder, mon amour me convie.

SAMSON.

Princesse, épargnez-vous un inutile effort,
Si ce fatal secret n'entraînoit que ma mort....
Mais Madame à luy seul, ma gloire est attachée,
D'une honte éternelle elle seroit tachée;
A tout autre péril je m'offre sans regret,
Je vous accorde tout, laissez-moy mon secret.

DALILA.

Perfide ! ç'en est trop : je vois ce qui t'arrête,
Ton inflexible cœur, méprise sa conquête;
Je t'offrois un moyen de me desabuser,
Je n'exigeois qu'un mot, tu m'oses refuser!
   Grace au Ciel, tes mépris de mon sort m'éclaircissent,
C'est par eux, il est vray que les Dieux me punissent;
Mais qui pouvoit choisir un Hébreu pour amant,
Etoit digne en effet, d'un pareil châtiment.
   Va, loin de mes regards remplir ta destinée,
Je suspends trop long-temps ta fureur éfrenée;
Hâte-toy de porter la mort en ce Palais,
Retourne à ma rivale : & ne me vois jamais.   *Elle sort*

SAMSON.

Dalila demeurez, où fuyez-vous cruelle?
Suivons-la. . . . .que resoudre. . . . on me croit infidelle,
Allons. . . .il faudra donc tout luy sacrifier?
Non. Mais employons tout, pour nous justifier,

Fin du quatriéme Acte.

ACTE CINQUIE'ME.

SCENE PREMIERE.

*Le Théâtre represente le Palais du Roy
des Philistins.*

PHANOR, ARMILLA.

PHANOR.

SE peut-il qu'à ce point les Dieux me favorisent !
Ton oreille, ou tes yeux, sans doute te séduisent.

ARMILLA.

Non, Seigneur, si le sort ne trahit mon espoir,
Votre ennemy sans force est en votre pouvoir ;
C'en est fait, il périt, & le même artifice
Qui trompe Dalila, le conduit au suplice.
Je l'ai vû quelque temps prêt à se dérober,
Au piége dangereux où je l'ay fait tomber ;
J'ay vû de ses refus la Princesse irritée,
Luy reprocher icy, ses feux pour Tamnatée :
Elle sort, il la suit dans son appartement,
Et ce Guerrier farouche y vole en foible amant.

Dans les détours obscurs d'une secrette issuë,
J'écoute leurs discours sans crainte d'être vûë.
Il tombe à ses genoux, tremblant, irrésolu ;
Et je le vois enfin où je l'avois voulu !
Pour se justifier, plus ses transports éclattent,
Et plus de Dalila les soupçons les combattent ;
Il ne peut la convaincre à moins de reveler,
Ce secret important qu'il s'obstine à celer,
Il feint de s'y résoudre, & sa trompeuse adresse,
Croit par de faux aveus éblouïr la Princesse,
Mais elle en reconnoît aussi-tôt le détour,
Et l'on ne peut tromper un véritable amour.
Aux larmes, aux soupirs les reproches succedent,
Samson en est troublé, ses interêts y cedent,

Il avoüe en tremblant que c'est dans ses cheveux,
Que réside sa force, & l'espoir des Hébreux.
On eût dit, que du Ciel ! la foudre toute prête,
Attendoit cet aveu pour fondre sur sa tête,
Il tombe enseveli dans un profond sommeil,
Et semble de vos coups attendre son reveil !

PHANOR.

Achéve.

ARMILLA.

En ce moment, je cours à la Princesse,
J'affecte en luy parlant une sombre tristesse.
Ah Madame ! luy dis-je, épargnez-vous des soins,
Qui vous feroient rougir: s'ils avoient des témoins;
En vain de son amour vous vous étiez flattée,
Et si l'on croit le bruit que répand Tamnatée,
Elle seule en son sein, renferme ce secret,
Et vos larmes icy, n'auront eu nul effet.
L'Hébreu, s'il a parlé, doit vous avoir trompée,
D'un doute vraisemblable elle est soudain frappée
Et rappellant alors, tout ce qui s'est passé,
Ouy, dit-elle, il me trompe, il a trop balancé,
Le perfide à l'instant, pour rassurer mes craintes,
Se servoit lâchement des plus honteuses feintes,
Son esprit inventoit mille détours nouveaux,
Et son dernier aveu sans doute est le plus faux.
Je saisis ce moment qui me paroît propice,
Que sans perdre de temps Dalila s'éclaircisse,
Ajoûtay-je, voyez, si l'Hébreu vous dit vray,
Votre repos, Madame, exige un tel essay,
S'il vous a découvert le fonds de ce mystere,
A tous les Philistins votre amour doit le taire,
Vous garderez alors le secret d'un époux,
Si Samson est sincere, il est digne de vous.
Je la vois chanceler, & mon adresse étale,
Le plaisir de confondre une indigne rivale?
Là, divers mouvemens agitent son esprit,
D'amour, de soins jaloux, de honte, & de dépit?
Elle se rend enfin, & ma main genereuse
A tranché par son ordre une tresse odieuse,
Et par ce coup heureux je rends ce que je doi,
A ma Religion, à l'Etat, à mon Roy.

PHANOR.

Que ne te dois-je point ? ma garde difperfée,
Doit par les foins d'Acab, être ici ramaflée,
Allons voir, fi le Ciel appaife fes rigueurs,
Il fort avec Ar.nilla. Et fi ce jour augmente, ou finit nos malheurs.

SCENE II.

Le Théâtre reprefente l'appartement de Dalila.
SAMSON endormi, DALILA.
DALILA.

QUelle foudaine horreur, quelles triftes images,
Rempliflent mes efprits de funebres préfages,
Qu'ay-je fait malheureufe, & pourquoy ce Héros;
Eft-il enféveli dans un fi long repos.
  Quoy je l'aurois trahi ! funefte jaloufie ;
Soupçons injurieux, vous luy coûtez la vie. . . . .
Il ne m'a point trompée, & s'il a combattu,
Il prévoyoit le coup dont il eft abbattu.
Cruelle, applaudis-toy, contemple ta victoire,
Tu viens de luy ravir, fa fûreté, fa gloire.
Ah perfide Armilla ! tes confeils odieux
Luy raviflent un don, qu'il a reçû des Cieux :
Ma crédule foibleffe a donné dans le piége,
Et je me fuis fiée à ta main facrilege.
  Mais, quels troubles nouveaux agitent mes efprits ;
Sans doute aux Philiftins elle aura tout appris.
Et je les vois déja fiers de leurs avantages,
Vanger cruellement leur fuite & leurs outrages,
Aflouvir leurs fureurs, & combler mon effroy ;
Ils viennent tous en foule. . . . . Ah Samfon fauve-toy !
  Pourroit-elle à ce point porter la barbarie !
La fidelle Armilla ne m'aura point trahie,
Elle fçait qu'un feul mot cauferoit mon trépas,
Je la foupçonne à tort. . . . . Mais je ne la vois pas ?
Jufte Ciel ! en ces lieux quelle troupe s'avance,
Et garde en approchant un farouche filence ?
Mon amant va périr. . . . . Arrêtez aflaffins,
Samfon éveille toi, voilà les Philiftins.

SCENE III.

PHANOR, SAMSON, DALILA, ACAB,

ZAMEC, PHILISTINS *qui saisissent Samson.*

SAMSON *veut se défendre & tombe.*

Dieu, je l'avois prévû, mon imprudence impie,
A fait tomber sur moy ta main apesantie,
A mon indigne ardeur, ce prix étoit bien dû,
Triomphe Dalila, c'est toy qui m'as perdu :
N'affecte point cruelle une douleur frivole
Qui commet les forfaits, aisément s'en console.

PHANOR,

Qu'on remplisse soldats l'ordre que j'ay donné,
Au temple où je l'attens que l'Hébreu soit traîné,
Que ses yeux soient privez du jour qui les éclaire,
Que sans perdre la vie il perde la lumiere;
Qu'il sente par degrez les rigueurs de son sort.
Il est trop criminel, pour recevoir la mort.

DALILA.

Demeurez un moment ! un autre sacrifice,
Doit icy de l'Hébreu devancer le suplice,
Et Dalila, Seigneur, va l'offrir à vos yeux :
Reçois en cet instant, mes éternels adieux,
Samson, mais garde-toy d'outrager ma mémoire,
Impute à d'autres mains une action si noire;
De funestes soupçons lâchement suscitez,
Dans un piége imprévû, nous ont précipitez.
La perfide Armilla conduisoit cette trame,
Ses discours imposteurs, ont effrayé mon ame,
Elle a tout obtenu de mon cœur allarmé,
Et je te perds enfin, pour t'avoir trop aimé
Je voulois de tes feux une entiere assurance,
J'ay fait de ton secret l'affreuse experience,
Elle nous a trahie : & nos Dieux en couroux,
Punissent un amour, qui les offençoit tous !

Tu m'as donné du tien une marque évidente,
Et je te dois du mien une preuve éclatante,
Elle se tuë. La voilà...

P H A N O R.
Justes Dieux...
A C A B.
Princesse!
D A L I L A.

Laissez-moy,
Je ne rens à Samson, qu'un sang que je luy doy,
N'eussay-je aucune part aux revers qu'il essuye,
Ses malheurs suffiroient, pour m'arracher la vie..
Destin sois satisfait, ton absolu pouvoir,
Malgré moy m'a forcée à suivre un faux devoir,
Ainsi de tes decrets l'injuste violence
Sur les foibles humains signale ta puissance
Et me fait immoler en ce funeste jour
On l'empor- Mon amant à mes Dieux, ma vie à mon amour.
te.
P H A N O R.
Falloit-il que ta mort Princesse, infortunée,
Marquât d'un deüil sinistre une telle journée,
Et que mon triste cœur ne goutât qu'à demy,
Le plaisir d'accabler un barbare ennemy.
A C A B.
C'en est donc fait, le Ciel pour me livrer la guerre,
Après tant de rigueurs n'a plus que son tonnerre!
Lancez-le Dieux cruels, j'en attends les éclats,
Moins terribles pour moy que cet affreux trépas.
A quels regrets honteux la perfide me livre,
Quoy c'est pour mon rival qu'elle cesse de vivre!
Et le fatal objet de mon juste couroux,
Il sort. N'est plus qu'un vain fantôme, indigne de mes coups.

S C E N E I V.
S A M S O N, P H I L I S T I N S.
S A M S O N.

S I des crimes helas, j'ay rempli la mesure,
Vous égalez, Seigneur, la vengeance a l'injure,
Quel spectacle sanglant a frapé mes regards,
Vos justes chatimens s'offrent de toutes parts;

Et votre main se sert pour augmenter ma peine,
De l'objet de mes vœux, & de ceux de ma haine.
Tout espoir m'abandonne, & mes esprits confus...
O Ciel voilà le coup que je craignois le plus.

*Apperce-
cevant son pe-
re.*

SCENE V.

SAMSON, EMANUEL, PHILISTINS.
EMANUEL.

JE ne vous croiray point, vous me trompez perfides...
Offre toy cher Samson à mes regards avides;
Mais c'est luy que je vois.... quoy mon fils enchaîné!
L'esprit du Dieu vivant, l'a donc abandonné?
Par quel crime... Israël, ç'en est fait tu succombes,
Et dans tes premiers fers pour jamais tu retombes,
Ce traître t'y retient malgré l'ordre du Ciel,
Malheureux qu'as-tu fait...

SAMSON.

Cessez Emanuel,
Les maux dont je prévois les horribles approches,
M'ont déja fait sentir l'aigreur de vos reproches;
Et si vous me voyez en proye à la douleur,
Ce n'est pas de Samson dont je plains le malheur;
Adieu je vais subir le sort qu'on me prépare,
Et braver les rigueurs d'un suplice barbare?
Quoique leur cruauté puisse s'être promis,
Je ne trembleray point devant mes ennemis!
Je suis toûjours le même, & la main qui m'outrage
M'a privé de ma force, & non de mon courage:
Ne me retirez point votre amour paternel,
On est assez puni quand on est criminel.

*On l'emme-
ne.*

SCENE VI.

EMANUEL *seul.*

OH terrible moment ! mon fils tu me désarmes,
Malgré tout mon couroux tu m'arraches des larmes,

Je ne puis fans frémir envifager l'horreur...
Mais, dois-je reffentir une indigne terreur ?
    Non, ce n'eft plus mon fils, c'eft un lâche, un prophane,
A d'éternels affronts luy-même fe condamne,
Il fera le mépris de la pofterité,
Lorfqu'il pouvoit prétendre à l'immortalité !
Hé bien ! va recevoir le prix qu'on te deftine,
La perte d'un méchant, n'eft point notre ruine.
    Epuife ton couroux fur ce fils malheureux,
Mais épargne, Seigneur, le refte des Hébreux !
Je verray d'un œil fec, fa honte, & fon fuplice
Puifqu'ils pourront du moins fervir à ta juftice.

Il fort.

SCENE VII.

L'ESCLAVE D'ACAB *feul, avec les cheveux & le*
cafque de Samfon.

MA force redoutable, & mon courage altier,
    Brûlent de s'efcrimer par quelque exploit guerrier,
Ces cheveux que je viens de greffer fur ma tête,
Vont me faire marcher de conquête en conquête ;
Si je tenois l'Hébreu ! nous verrions à prefent,
De fon bras ou du mien quel eft le plus pefant.
    Il m'a fait un affront qu'à peine je digere,
Je fuis très-délicat fur pareille matiere ?
Je vais pour me vanger attaquer ce félon,
De mon bras allongé luy demander raifon.

Il feint d'ê-
tre attaché.

    Il eft bon cependant de connoître ma force,
Donnons à cette chaîne une terrible entorce !
Brifez-vous fers honteux... La pefte quel poignet !

Il fait com-
me s'il étoit
entouré de
foldats.

Pour mieux les écarter, faifons le moulinet.
Périffez Philiftins... Mais vraiment je m'abufe,
Non, ne périffez pas je vous demande excufe,
Vous êtes mes amis, & c'eft fur les Hébreux,
Que doit tomber l'effort de mon bras valeureux ?

C'eft un fau-
teüeil

Courrons... mais quel rocher s'oppofe à mon paffage
A prendre le grand tour, crois-tu que l'on m'engage,

Il le renver-
fe.

Renverfons cet obftacle, aplaniffons ce roc !
Quelle force ? il n'a pût réfifter à ce choc,

Ne tardons plus... ahy , ahy , quel monftre fe préfente.
Malepefte un griffon... cet afpect m'épouvante ?
Ses griffes , & fon bec, pourroient m'incommoder...
Que dis-tu Samfonnet il le faut aborder.
Quel qu'en foit le péril... c'eft à moy d'en découdre,
Par derriere en poltron ?.. je ne puis m'y réfoudre,
Mais il me poche l'œil, fi je vais par devant,
Il eft ferme par tout... il faut le prendre en flanc.
Je le tiens... ces cheveux produifent des merveilles !
Et pourront déformais garantir mes oreilles.

   Eh bien , te voilà pris malheureux animal ;
Tu touches à prefent à ton terme fatal,
Car enfin aux griffons je ne fais point de grace ,
Et je vais d'un feul coup, t'affommer fur la place.
Déchirons-le... ah je fuis attendri de fes pleurs ,
Et toûjours la pitié regna dans les grands cœurs.
Je te garde une place en ma ménagerie ?
Si pourtant nous allions dans quelque hôtelerie ,
J'y pourrois retrouver mon apétit perdu ,
Ce griffon paroît tendre ! il eft affez dodu.
Allons.. mais dans le temple ils m'attendent... n'importe
La raifon de la faim eft toûjours la plus forte.

  Que j'auray de plaifir à plumer cet oifeau
Servez-moy de trophée agréable fardeau.

Il aperçoit un poulet d'Inde.

Il met fur fes épaules le dindon & fa batte à l'imitation de Samfon, qui porte fon pere & les portes de la prifon.

SCENE VIII. *& derniere.*

Le Théâtre reprefente le Temple de Dagon, où le Roy &
toute fa Cour font affemblez

SAMSON.

ENfin tout eft détruit, & ma gloire effacée ,
N'offre qu'un dur reproche à ma trifte penfée ,
Samfon qui fe voyoit l'effroy des Philiftins,
Luy même à fes tyrans a livré fes deftins !
Il pouvoit d'Ifraël rétablir la puiffance,
Et du Dieu qu'il adore achever la vengeance...
O regrets fuperflus... les Hébreux confternez,
N'en feront déformais que plus infortunez.
C'eft ta juftice , ô Ciel, qui creufa les abîmes
Où m'ont fait trébucher des feux illegitimes

Ouy, quel que ce foit le poids dont m'accable leur Faix,
Mes malheurs font encor. trop doux pour mes forfaits.
    Mais c'eft icy le Temple où ce peuple infidele,
Vient offrir à Dagon une foy criminelle.
Où moy-même, je fuis en efclave attaché,
Victime des remords qu'enfante le peché.
    Grand Dieu, dont les decrets du haut de l'Empirée
Reglent de notre fort, la gloire & la durée,
Dont le moindre regard jufqu'au fonds de nos cœurs,
Dévoile l'artifice & confond les erreurs?
Si le mien eft rempli, de cette confiance,
Que le vray repentir donne avec l'efperance,
Si je n'afpire plus qu'aux fublimes plaifirs,
Qui du jufte Abraham enflâmoient les defirs,
Enfin fi mes projets ne tendent qu'à ta gloire,
Pour derniere faveur: encore une victoire!
    Rends leur première force à mes bras defarmez,
Que ma mort foit utile aux Hébreux opprimez,
Anime de mes mains les fecouffes rapides,
Que je puiffe ébranler ces colomnes folides,
Et que tes ennemis trouvent leurs monumens,
Sous ces murs écroulez, jufques aux fondemens.
    Fais changer leurs concerts en des clameurs fénebres!
Mais, quel rayon me luit, au milieu des tenebres?
Eft-ce l'efprit divin qui ranime mes fens?
Ouy, je n'en doute plus, je le vois, je le fens.
Sa bonté daigne encore fe fier à mon zele,
A vanger fon faint nom, je l'entends qui m'appelle,
Il me rend à la fois, ma force & ma fureur...
Je vais de votre culte, enfevelir l'horreur,
Funeftes ennemis, vous allez être en proye,
Aux coups du bras vangeur qui fur vous fe déploye.
    Plein de joye, aujourd'huy, je defcends chez les morts,
Puifque dans votre fang je lave mes remords?
Trop heureux fi le Dieu dont la main vous terraffe,
Vouloit avec mes jours éteindre votre race.
    C'en eft fait, périffons pour le Dieu des Hébreux,
Meurent les Philiftins: & Samfon avec eux.

Fin du cinquiéme & dernier Acte.

Il ébranle
les colonnes
& renverfe le
Temple.

dans notre Royaume, & non ailleurs, & que l'impétrant se conformera en tout aux Reglemens de la Librairie, & notamment à celuy du dixiéme Avril 1725. & qu'avant que de l'exposer en vente le manuscrit ou imprimé qui aura servi de copie à l'impression dudit Livre sera remis dans le même état où l'Aprobation y aura été donnée, ès mains de notre très cher & féal Chevalier Garde des Sceaux de France le Sieur CHAUVELIN; & qu'il en sera ensuite remis deux Exemplaires dans notre Bibliotheque publique, un dans celle de notre Château du Louvre, & un dans celle de notredit très cher & féal Chevalier Garde des Sceaux de France le Sieur CHAUVELIN: Le tout à peine de nullité des Presentes. Du contenu desquelles vous mandons & enjoignons de faire joüir l'Exposant ou ses ayans cause, pleinement & paisiblement, sans souffrir qu'il leur soit fait aucun trouble ou empêchement. Voulons que la copie desdites Presentes qui sera imprimée tout au long au commencement ou à la fin dudit Livre soit tenuë pour duëment signifiée, & qu'aux copies collationnées par l'un de nos amez & féaux Conseillers & Secretaires, foy soit ajoutée comme à l'original. Commandons au premier notre Huissier ou Sergent de faire pour l'execution d'icelles tous actes requis & necessaires, sans demander autre permission, & nonobstant clameur de Haro, Charte Normande, & Lettres à ce conrraires : CAR tél est notre plaisir. DONNE' à Versailles le dixiéme jour du mois de Mars, l'an de grace mil sept cent trente, & de notre Regne le quinziéme. Par le Roy en son Conseil, NOBLET.

Regiſtré ſur le Regiſtre VII. de la Chambre Royale des Libraires & Imprimeurs de Paris, N°. 326. fol. 476. conformément aux anciens Reglemens, confirmez par celuy du 28. Fevrier 1723. A Paris le quatorze Mars mil ſept cent trente. P. A. LE MERCIER, Syndic.

J'ay cedé & transporté mon droit du Privilege de Samson, au Sieur LOUIS-DENIS DELATOUR, Libraire Imprimeur à Paris, suivant la convention faite entre nous. A Paris ce 14. Mars 1730. ROMAGNESI.

Regiſtré ſur le Regiſtre VII. de la Communauté des Libraires & Imprimeurs de Paris, page 477. conformément aux Reglemens, & notamment à l'Arreſt du Conſeil du 13. Aouſt 1703. A Paris le quatorze Mars mil ſept cent trente. P. A. LE MERCIER, Syndic.

www.ingramcontent.com/pod-product-compliance
Lightning Source LLC
LaVergne TN
LVHW022333170726
843503LV00006B/2857